contents

표지이야기
가지각색 약병과 알약이 한가득 쌓여 있는 이곳! 소수나라의 '다고쳐 약국'이에요. 약사 소다와 조수가 들고 있는 처방전에 알쏭달쏭한 소수가 가득 적혀있네요. 과연 이 소수들은 무엇을 나타내는 걸까요? 환자들로 북적이는 다고쳐 약국으로 함께 떠나 봐요!

10

 0.001g도 정확하게! 소수나라 다고쳐 약국

40

 안녕, 유니콘 마을!

숫자로 보는 뉴스

06 짹짹~ 너무 더워!
봄이 18.25일이나 먼저 왔다고?

수학 개념 완전정복!

- **04** 수학 교과 단원맵
- **08** 어수티콘
  소수점
- **16** 수콤달콤 연구소
  소수점 위치를 맞춰라! 소수의 연산
- **20** 꿀꺽! 생활 속 수학 한 입
  0.1점 차이로 금메달! 쫄깃~한 스포츠 기록의 세계!
- **44** 수학 궁금증 해결! 출동, 슈퍼M
  3할 5푼 6리가 무슨 뜻이에요?
- **74** 꿀꺽! 생활 속 수학 두 입
  칙칙폭폭~! 신기한 순환소수 기차
- **76** 똥손 수학체험실
  소수를 더하고 빼는 나만의 팝업북
- **80** 옥톡과 달냥의 우주탐험대 [최종회]
  알파 센타우리, 프록시마 b
- **82** 수학 플레이리스트

진짜 재밌는 수학만화

- **24** 수리국 신한지의 비밀
  개울가에서 생긴 일
- **32** 놀러와! 도토리 슈퍼
  헌책의 비밀
- **48** 요리왕 구단지
  짝을 정해야 한다고?
- **56** 헬로 매스 지옥 선수촌
  도망친 장꾸단
- **64** 인공지능 로봇 마이보2
  토이코의 비리?
- **84** 우당탕탕 수학 과몰입러
  관심은 곧 사랑이라죠!

수학 교과 단원맵

16호 수와 연산 분수와 소수 ④

이번 호 <어린이수학동아>가 초등 수학 교과의 어느 단원과 연결되는지 확인해 보세요. 어수동을 재밌게 읽는 동안 수학의 기초가 튼튼해져요!

	1학년		2학년		3학년		4학년		5학년		6학년	
	1학기	2학기	1학기	2학기	1학기	2학기	1학기	2학기	1학기	2학기	1학기	2학기
수와 연산	9까지의 수	100까지의 수	세 자리 수	네 자리 수	덧셈과 뺄셈	곱셈	큰 수	분수의 덧셈과 뺄셈	자연수의 혼합 계산	분수의 곱셈	분수의 나눗셈	분수의 나눗셈
	덧셈과 뺄셈	덧셈과 뺄셈①	덧셈과 뺄셈	곱셈구구	나눗셈	나눗셈	곱셈과 나눗셈	소수의 덧셈과 뺄셈	약수와 배수	소수의 곱셈	소수의 나눗셈	소수의 나눗셈
	50까지의 수	덧셈과 뺄셈②		곱셈	곱셈	분수			약분과 통분			
		덧셈과 뺄셈③			분수와 소수				분수의 덧셈과 뺄셈			
규칙성				규칙 찾기			규칙 찾기		규칙과 대응		비와 비율	비례식과 비례배분
												여러 가지 그래프
도형	여러 가지 모양	여러 가지 모양	여러 가지 도형		평면도형	원	각도	삼각형	다각형의 둘레와 넓이	합동과 대칭	각기둥과 각뿔	공간과 입체
							평면도형의 이동	사각형		직육면체	직육면체의 부피와 겉넓이	원의 넓이
								다각형				원기둥, 원뿔, 구
측정	비교하기	시계 보기와 규칙 찾기	길이 재기	길이 재기	길이와 시간	들이와 무게			수의 범위와 어림하기			
				시각과 시간								
자료와 가능성			분류하기	표와 그래프		자료의 정리	막대그래프	꺾은선그래프		평균과 가능성		

교과서랑 같이 봐요!

함께 생각해 봐요!

이야기로 쏙쏙! 예수잼

0.001g도 정확하게! 소수나라 다고쳐 약국

3-1 분수와 소수	소수의 크기를 비교해 볼까요 / 분수와 소수 사이의 관계를 알아볼까요
4-2 소수의 덧셈과 뺄셈	소수 한 자리 수의 덧셈을 해 볼까요 / 소수 한 자리 수의 뺄셈을 해 볼까요

10p

- ☑ 약을 만들 때는 재료의 양을 아주 정확하게 넣어야 해요. 또, 어린이들은 약을 먹을 때 몸무게에 따라 정해진 양만큼만 먹어야 하지요. 그 이유는 무엇일지 생각해 봐요.
- ☑ 소수 세 자리 수, 소수 네 자리 수, …까지 정확해야 하는 일에는 또 어떤 것이 있을까요?
- ☑ 소수의 맨 뒤에 있는 0은 왜 생략할까요? 생략된 0은 모두 몇 개인지 알 수 있나요?

꿀잼 생활 속 수학한입

0.1점 차이로 금메달! 쫄깃~한 스포츠 기록의 세계!

4-2 소수의 덧셈과 뺄셈	소수 두 자리 수의 덧셈을 해 볼까요 / 소수 두 자리 수의 뺄셈을 해 볼까요

20p

- ☑ 여러분은 어떤 스포츠 종목을 좋아하나요? 가장 좋아하는 선수와 그 선수의 최고 기록을 얘기해 봐요.
- ☑ 스포츠 종목 중에는 '시간' 기록을 겨루는 종목도 있지요. 1초보다 짧은 시간은 어떻게 나타낼까요?

수학 궁금증 해결! 출동, 슈퍼 M

3할 5푼 6리가 무슨 뜻이에요?

3-1 분수와 소수	소수의 크기를 비교해 볼까요

44p

- ☑ 야구는 '기록의 스포츠'라고 해요. 타율, 승률, 방어율 외에 또 어떤 기록들이 있는지 알아보세요.
- ☑ 타율 0.4를 넘는 것이 매우 드문 일일 정도로 어려운 이유는 무엇일까요?

꿀잼 생활 속 수학두입

칙칙폭폭~! 신기한 순환소수 기차

3-1 분수와 소수	분수를 알아볼까요 / 소수를 알아볼까요 / 소수의 크기를 비교해 볼까요

74p

- ☑ 소수를 종류에 따라 구분하는 법을 알고 있나요? 유한소수, 무한소수, 순환소수, 무리수란 무엇인지 알아봐요.
- ☑ 무리수는 소수점 아래 수가 끝도 없이 이어지고, 반복되는 마디가 없는 소수를 말해요. 무리수는 누가 어떻게 처음 발견했을까요?
- ☑ 소수의 신기한 점이 또 있는지 찾아보세요.

숫자로 보는 뉴스

글 최은솔 기자(eunsolcc@donga.com) **디자인** 오진희 **사진** GIB

짹짹~ 너무 더워!

봄이 18.25일이나 먼저 왔다고?

점점 더워지는 날씨 때문에 2100년에는 새의 수가 지금보다 약 12% 줄어들지도 몰라요. 지구의 기온이 높아지면서 봄이 오는 시기는 갈수록 빨라지고 있지만, 새들은 계절의 변화에 적응하지 못해 살아남기 어려워지는 거예요.

미국 로스앤젤레스 캘리포니아대학교(UCLA)와 미시간주립대학교 연구진은 2001년부터 2018년까지 북미★ 179곳에서 41가지 종류의 새를 연구했어요. 새들의 짝짓기 시기와 태어난 새끼의 수를 조사했지요. 또, 인공위성★으로 식물에 싹이 나는 시기를 분석해 봄이 언제 시작되는지도 조사했어요. 관찰 결과, 봄은 점점 빨리 오지만 새들은 빨라진 봄을 따라가지 못해 짝짓기 시기를 놓쳤어요. 결국 새의 수는 점점 줄어들었어요.

봄이 빨리 오면 언제 짝짓기를 해야 할지 모르겠어….

#새 #지구온난화 #소수의_덧셈 #소수의_뺄셈

2100년에는 봄이 얼마나 더 빨리 올까?

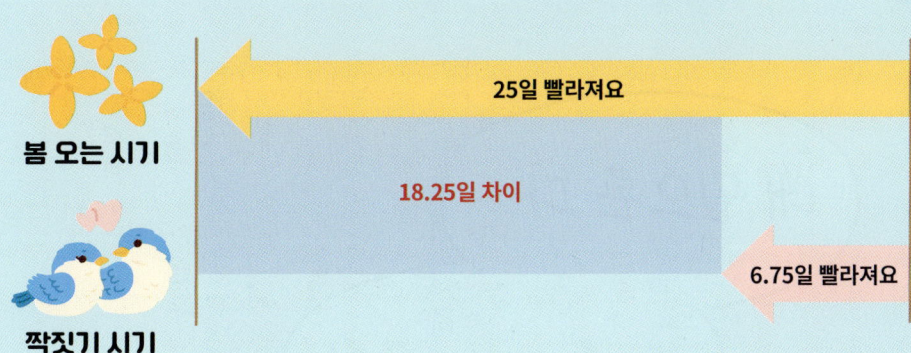

연구진은 2100년이 되면 봄이 시작되는 때가 지금보다 25일 정도 빨라질 것으로 예상했어요. 그에 비해, 참새와 같은 명금류★가 짝짓기하는 시기는 6.75일 정도만 빨라질 것으로 추측했지요. 봄이 오는 때와 새들이 짝짓기하는 때 사이에 18.25일이나 차이가 생기게 된 거예요. 짝짓기를 해서 낳은 새끼를 키우려면 먹이가 풍부해야 하는데, 먹이가 가장 많고 날씨가 온화한 때인 봄을 놓치면 새끼 새들이 살아남기 힘들어진다는 걸 의미하지요. 특히 철새는 계절이 바뀌면 사는 곳을 옮기기 때문에, 봄이 일찍 오면 새로운 환경에 쉽게 적응하지 못해요.

UCLA의 모건 팅글리 교수는 "1970년 이후 지금까지 전 세계 새의 수가 $\frac{1}{3}$이나 줄어들었어요. 앞으로 높아지는 기온에서도 새들이 살아남을 수 있도록 과학자들이 더 연구하고, 우리 모두 노력해야 해요."라고 말했어요.

용어 설명

북미★ 미국, 캐나다, 멕시코 3개의 국가가 있는, 아메리카 대륙의 북쪽 땅을 뜻해요.
인공위성★ 우주로 쏘아 올린 기계로, 행성의 주위를 돌면서 지구 주변 환경을 관찰하고 우주 과학 실험을 해요.
명금류★ 참새목에 속하는 새들이에요. 지구상의 새 중에서 절반 정도를 차지해요.

여름이 오기 전에 태어나야 할 텐데!

소수점

내 밑으론 다~

소수라는 점!

어른인 숫자 1과 어린이인 2, 5, 6이 나란히 손을 잡고 어디론가 신나게 가고 있어요. 2, 5, 6은 뒤에 있을수록 어려 보이는 걸 보니, 순서대로 첫째, 둘째, 셋째인가 봐요. 그런데, 1과 2, 5, 6 사이에 자연스럽게 끼어있는 동그란 점의 정체는 무엇일까요?

글 이다은 기자(dana@donga.com) 일러스트 밤곰
#수학용어 #수학개념 #이모티콘 #소수 #소수점

자연수와 소수를 구분하는 점!

 점은 왜 "내 밑으론 다 소수라는 점!"이라고 외치고 있나요?

 이 점이 바로 '소수점'이기 때문이에요! 소수점을 기준으로 왼쪽에 있는 수는 자연수이고, 오른쪽에 있는 수는 소수예요.

 그럼, 점 뒤의 256은 소수인가요? 자연수처럼 보이는데요?

 소수점의 오른쪽에 놓이는 수는 모두 1보다 작은 소수예요. 소수점 바로 왼쪽은 '일의 자리'를 나타내지만, 소수점 오른쪽 첫 번째 자리는 '소수 첫째 자리', 두 번째 자리는 '소수 둘째 자리', 세 번째 자리는 '소수 셋째 자리'를 나타내요. 소수점을 기준으로 오른쪽으로 한 자리씩 이동할 때마다 자릿값이 0.1배씩 작아지지요. 점 뒤에서 나란히 손을 잡은 숫자들은 256처럼 보이지만, 숫자들 앞에 소수점이 있으므로 사실은 0.256인 셈이에요.

 '1.256'은 '일점이백오십육'이라고 읽어야 하나요?

 아니에요. 자연수를 읽을 때는 숫자에 십, 백, 천 같은 자릿값을 붙여서 읽지만, 소수를 읽을 때는 자릿값을 읽지 않고 숫자만 차례로 읽어요. 즉, 1.256은 '일점이오육'이라고 읽는 거예요.

독자들의 3행시와 어수티콘을 소개합니다!

소 소수점은 너무 쉽고
수 수를 읽고 쓰는 것도 쉬운데,
점 점을 완벽하게 찍는 것은 어렵다.

조성진(eun-ji99)

'부등호' 심판이 더 큰 수에게만 왕관을 주고 있어요. 숫자 9는 "다음엔 8이랑 할 거야!"라고 말하네요.

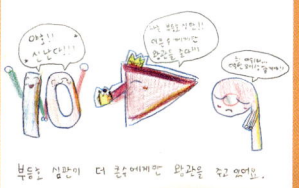

강명원(mattew.kang)

나만의 수학 용어 이모티콘과 3행시를 만들어 주세요!

조제실

한편, 옆에서 약의 재료들을 정리하던 팡팡이가 소다에게 말했어요.
"재료를 쓰고 남은 양을 적으려고 하는데, 소수의 계산이 너무 어려워요!"
소다는 팡팡이가 내민 정리 목록을 자세히 살펴본 후 답했어요.
"음, 소수끼리 빼는 방법도 자연수의 뺄셈과 같아요. 계산한 결과에 소수점만 잘 표시하면 되지요."

정리할 재료 목록

빈칸을 채워 보세요!

재료	원래 있던 양	쓴 양	남은 양
토닥토닥 마술 손길 주스	5.5L	3.5L	
멀미야 가라 새콤과일즙	6.4L	2.3L	
입맛도라 쩝쩝 시럽	4.8L	1.9L	
바이러스 시려 시럽	3.5L	1.4L	
기침미 뚝 주스	2.0L	0.7L	
침줄줄 달다구리 농축액	0.7L	0.3L	0.4L

"2.0에서 0.7을 빼라고? 0에서 7을 뺄 수는 없는걸?"

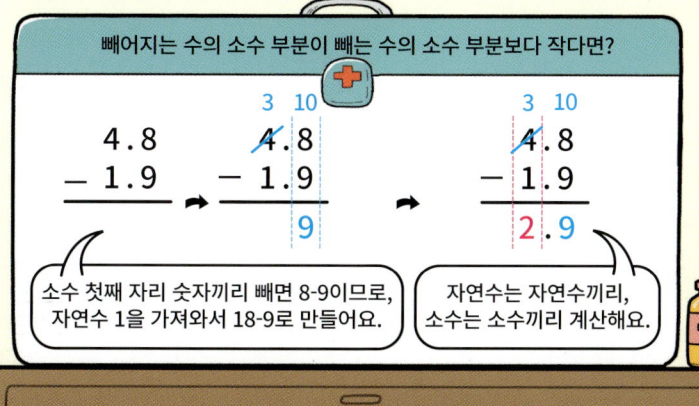

빼어지는 수의 소수 부분이 빼는 수의 소수 부분보다 작다면?

$$\begin{array}{r} 4.8 \\ -1.9 \\ \hline \end{array} \rightarrow \begin{array}{r} \overset{3\ 10}{\cancel{4}.8} \\ -1.9 \\ \hline 9 \end{array} \rightarrow \begin{array}{r} \overset{3\ 10}{\cancel{4}.8} \\ -1.9 \\ \hline 2.9 \end{array}$$

소수 첫째 자리 숫자끼리 빼면 8-9이므로, 자연수 1을 가져와서 18-9로 만들어요.

자연수는 자연수끼리, 소수는 소수끼리 계산해요.

잠시 뒤, '해롱해롱 어지럼병'에 걸린 환자들이 약국 문을 열고 몰려왔어요. 이 병에 효능이 있는 약 재료는 바로 '도라도라 열매 가루'예요. 하지만 도라도라 열매 가루는 필요한 양보다 조금이라도 더 먹거나 덜 먹으면 배가 아플 수 있어요. 소다와 팡팡이는 각 환자에게 필요한 만큼의 도라도라 열매 가루 양을 계산했어요.

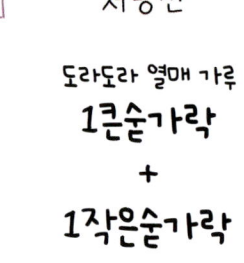

소수 한 자리 수인 1.5의 맨 뒤에 0을 붙여 1.50으로 만든 후 계산하면 소수점의 위치를 알기 편해요. 이때 계산한 결과도 소수 두 자리 수여야 해요.

5.1의 맨 뒤에 0을 붙여 5.10으로 만들면 소수점의 위치를 쉽게 맞출 수 있어요. 자연수의 뺄셈처럼 받아내림 해서 계산해요.

소다와 팡팡이가 겨우 도라도라 열매 가루 계산을 마치자, 이번엔 '삐질삐질 땀흘림병' 환자 한 명이 약국에 들어왔어요. 그런데 이 환자가 가져온 처방전은 내용을 알쏭달쏭 스무고개처럼 써 주기로 유명한 '말많아 병원'의 것이었지요. 소다와 팡팡이는 처방전을 골똘히 들여다보며 만들어야 할 약의 재료 양이 얼마인지 고민했어요.

처방전

* 이 환자에게는 '땀그만 알약'을 아래와 같은 양만큼 주어야 합니다.

- 이 약의 양은 소수 세 자리 수입니다.
- 이 수는 자연수 2보다 크고 3보다 작습니다.
- 이 수의 소수점 첫째 자릿값은 2의 3배입니다.
- 이 수의 소수점 둘째 자릿값은 3의 2배입니다.
- 이 수에 1000을 곱했을 때, 일의 자릿값은 9가 됩니다.

QR코드를 찍으면 **정답**을 바로 볼 수 있어요.

힌트

0.1은 0보다 크고 1보다 작은 수예요.

9를 1000으로 나누면 얼마가 될지 생각해 보세요.

➡ ☐.☐☐☐ g

"아! 알아냈다. 땀그만 알약의 양은…"
소다가 말하려는 순간, 환자들이 또 한차례 몰려들었어요.
"소다 선생님! 도와주세요!"
소다와 팡팡이는 환자들에게 달려갔지요.
"바쁘다, 바빠! 〈어수동〉 독자 여러분이 땀그만 알약의 양을 마저 계산해 주세요~!"

소수점 위치를 맞춰라!
소수의 연산

자연수의 받아올림과 받아내림을 충분히 연습했다면 소수의 받아올림과 받아내림도 쉽게 할 수 있어요. 저희 수콤달콤 연구소가 개발한 비법만 잘 기억한다면 말이죠!

글 최은혜 기자(ehchoi@donga.com) 디자인 오진희 일러스트 허경미

수콤달콤 연구소는 어린이들이 '쓴맛'으로 꼽은 초등수학 내용을 달콤하게 바꿔드려요.

핵심 연구원

연구소장 수콤
'수학을 달콤하고 맛있게 만들기'가 목표인 허당 소장이에요.

수학 요리사 달콤
어떤 수학도 달콤하게 만드는 달인이에요.

수의 자리를 맞춘 뒤 계산해!

수콤 비법

소수점 아래 자릿수가 같을 때

자연수와 똑같은 방법으로 계산해요. 덧셈을 할 때 0.01이 10개 모이면 0.1이 되기 때문에 소수 첫째 자리로 받아올려요. 뺄셈을 할 때 소수 둘째 자리에 있는 수끼리 뺄 수 없다면 소수 첫째 자리에서 0.1을 받아내려요. 0.01이 10개 생기면 계산할 수 있어요.

달콤 비법

소수점 아래 자릿수가 다를 때

소수점을 기준으로 수의 자리를 맞춘 뒤 계산해요. 자릿수가 달라서 헷갈릴 땐 소수점 뒤의 자릿수가 적은 쪽 끝에 0을 적어요. 소수의 오른쪽 끝에 0을 붙여도 수의 크기는 변하지 않아요.

초콜릿 소수 공장

1

2.003
− 1.99

문제

수콤달콤 비법

자릿수가 다른 소수를 더하고 뺄 땐 소수점의 위치를 맞추는 게 중요해요. 받아올림과 받아내림 방법은 자연수와 같습니다. 계산 결과가 1보다 작을 땐 소수점 왼쪽에 0을 적는 것도 잊지 마세요!

2

2.003
− 1.99

소수점의 위치를 같은 줄로 맞춰야 해!

소수점 위치 맞추기

3 계산하기 편하도록 소수 셋째 자리에 0을 붙였어요. 0.01이 10개 모이면 0.1이 되고, 0.1이 10개 모이면 1이 된다는 사실을 꼭 기억해요!

0을 적어두면 계산할 때 헷갈리지 않아!

계산 중

4 일의 자리에서 1만큼을 가져와서 소수 첫째 자리에 풀어 0.1이 10개가 됐어요. 그 중 0.1만큼만 소수 둘째 자리에 가져온 뒤 풀어요. 그러면 0.01이 10개 생겨 계산할 수 있어요. 소수 첫째 자리에는 0.1이 9개만 남았어요.

1보다 작으면 소수점 앞에 0을 적는 것도 잊지 마!

0.013

0.1점 차이로 금메달!
쫄깃~한 스포츠 기록의 세계!

우리 선수들은 몇 점일까요?

손에 땀을 쥐게 만드는 기계체조부터 은반 위에서 예술작품처럼 펼쳐지는 피겨 스케이팅까지. 오늘도 스포츠의 세계에선 보기만 해도 아슬아슬, 두근두근한 경기가 펼쳐지고 있답니다. 그런데, 경기를 더욱 쫄깃하게 만드는 건 바로 소수를 더하고 빼서 계산하는 점수라는 사실, 알고 있나요? 0.1, 0.01만큼 작은 차이가 경기의 순위를 결정짓는다고요!

글 최송이 기자(song1114@donga.com)
디자인 오진희 일러스트 GIB 사진 동아일보, GIB
참고 FIG Technical Regulations 2023, Protocol of the ISU World Team Trophy in Figure Skating 2023
#점수 #소수 #덧셈 #뺄셈 #스포츠 #채점

2021년 8월 열린 도쿄 올림픽 기계체조 여자 개인종목 도마에서 여서정 선수가 연기를 마친 모습이에요.

한 번의 실수도 안 돼!

기계를 사용해서 하는 운동인 '기계체조'는 마루운동, 안마, 링, 도마, 평행봉, 철봉, 평균대 등으로 이뤄져 있어요. 그중에서도 우리나라 선수들은 도마에 가장 강해요. 우리나라 기계체조 대표팀이 처음으로 올림픽 메달을 따낸 종목도 도마였지요. 우리나라의 여자 도마 선수인 여서정 선수는 아시아선수권대회 도마 종목에서 2022년에 이어 2023년에도 금메달을 목에 걸었어요.

기계체조 도마 종목에 사용되는 도마의 모습이에요.

도마는 말의 안장과 비슷하게 생겼는데, 그보다 폭이 넓고 모서리가 둥근 모양이에요. 선수들은 도마를 뛰어넘으면서 '손 짚고 뛰어넘기'와 '돌기', '돌며 틀기' 등의 기술을 선보여요. 도마 경기에서는 기술의 어려운 정도를 평가하는 '난도 점수'와 연기의 완성도를 평가하는 '실행 점수'를 더해 순위를 결정해요. 착지할 때 지정된 선을 벗어나면 0.1~0.3점이 감점되기도 하지요. 도마에서 높은 점수를 얻으려면 어려운 기술을 실수 없이 완벽하게 연기해야 할 뿐만 아니라, 높이 날고 안정적으로 착지해야 해요.

최종 우승자를 가리는 결승 경기에서는 1차 시기와 2차 시기 총 2번의 연기를 펼친 다음, 평균★ 점수를 계산해 순위를 결정해요. 아시아선수권대회에서 여서정 선수는 1차 시기에 14.433점, 2차 시기에 14.200점을 기록해 1위가 되었어요.

용어 설명
평균★ 여러 수의 중간값을 갖는 수를 말해요. (자료 값의 합)÷(자료의 수)로 구해요.

기술과 예술 모두 완벽!

피겨 스케이팅은 얼음판 위에서 점프, 스핀, 스텝 등 다양한 기술을 얼마나 정확하게 했는지, 연기와 무대 구성을 얼마나 아름답게 나타냈는지를 겨루는 스포츠예요.

2023년 3월에 열린 국제빙상경기연맹(ISU) 피겨스케이팅 국가 대항단체전인 '월드 팀 트로피★'에서는 우리나라의 피겨 대표팀이 은메달을 목에 걸었어요. 여자 싱글 부문에서는 이해인 선수가 전체 1위를 차지했지요. 싱글 부문은 쇼트프로그램과 프리스케이팅에서 얻은 점수를 더해서 총점이 가장 높은 선수 순으로 순위가 정해져요. 기술 점수와 예술 점수를 더하고, 감점을 뺀 점수가 최종 점수예요.

2023년 2월 열린 전국동계체육대회에서 이해인 선수가 연기를 펼치는 모습이에요.

용어 설명

팀 트로피★ 한 시즌 동안 가장 좋은 성적을 낸 상위 6개 나라가 모여 겨루는 국제대회예요. 선수 1명이 경기하는 '싱글'과 2명의 선수가 짝지어 경기하는 '페어', 빙상 위에서 춤을 추는 '아이스댄스' 종목이 있어요.

이해인 선수의 쇼트프로그램 채점표를 함께 볼까요? 이해인 선수는 기술 점수에서 41.00점, 예술 점수에서 35.90점을 얻었어요. 그리고 감점은 하나도 없었지요. 최종 합계 점수는 41.00+35.90-0.00=76.90점이에요. 프리스케이팅에서는 148.57점을 얻어, 이해인 선수의 최종 점수는 76.90+148.57의 값인 225.47점으로 2022-2023 시즌 여자 싱글에서 가장 높은 기록을 세웠답니다.

QR코드를 찍으면 **정답**을 바로 볼 수 있어요.

차준환 선수의 총점은?

자, 이제 또 다른 선수의 채점표를 확인해 볼까요? 차준환 선수가 ISU 팀 트로피 남자 싱글 부문에서 받은 총점은 얼마였을지 빈칸을 채워서 직접 계산해 보세요!

차준환 선수의 **쇼트프로그램** 채점표 일부	Total Element Score	Total Program Component Score (factored)	Total Deductions
	54.70	46.63	0.00
	기술 점수	예술 점수	감점

차준환 선수의 **프리스케이팅** 채점표 일부	Total Element Score	Total Program Component Score (factored)	Total Deductions
	95.54	92.28	0.00
	기술 점수	예술 점수	감점

차준환 선수의 **쇼트프로그램** 총점	
차준환 선수의 **프리스케이팅** 총점	

⭐ 차준환 선수의 최종 점수

=(쇼트프로그램 총점)+(프리스케이팅 총점)

= ☐ + ☐ = ☐

2023년 2월 열린 전국동계체육대회에서 차준환 선수가 연기를 펼친 후 인사하는 모습이에요.

2023년 ISU 팀 트로피 대회에서 은메달을 획득한 이해인, 차준환 선수의 모습이에요.

우리 선수들 정말 멋져요~!

통발★ 물고기를 잡을 수 있게 만든 통이에요. 가느다란 대나무나 싸리나무를 엮어서 만들어요.

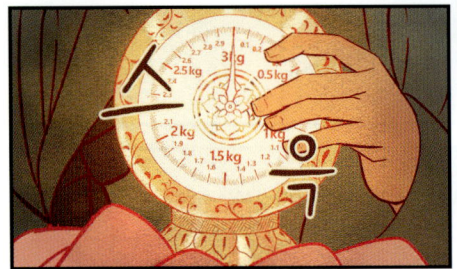

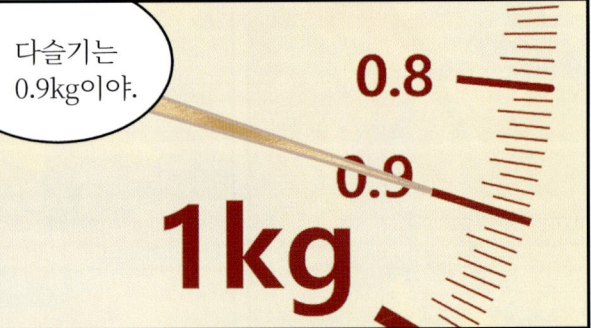

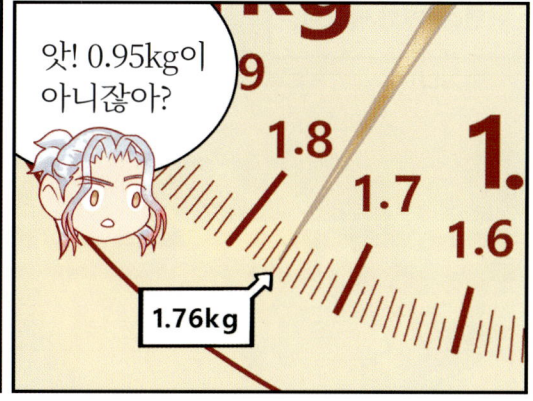

앗! 0.95kg이 아니잖아?

1.76kg

한지야! 소수끼리 더할 때는 소수점의 자리를 맞춰야 해.

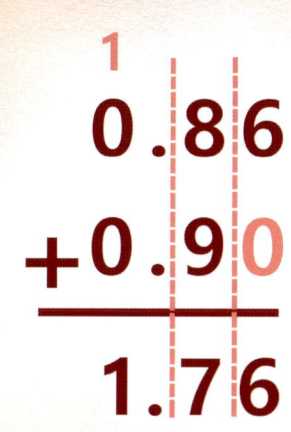

소수의 덧셈과 뺄셈

소수끼리 더하거나 뺄 때는 세로식을 활용하면 쉽게 답을 알 수 있어요. 우선 소수점의 자리를 맞춰 두 수를 세로로 적어요. 그리고는 자연수와 같은 방법으로 더하거나 빼요. 마지막으로 소수점을 그대로 내려 찍으면 되지요. 소수 첫째 자리 수의 합이 10보다 클 때는 일의 자리로 받아올림 하면 되지요.

그렇구나! 이제 소수를 더하거나 빼는 방법을 알았어.

소수점을 정확한 위치에 찍는 게 중요하구나!

맞아!

이제 스스로 계산해 볼 수 있겠지?

 이은섭 작가   스파이더맨을 좋아하던 저는 상상 속의 친구와 노는 것을 좋아했습니다. 이제는 저도 누군가에게 상상의 친구가 되길 꿈꿉니다.

홍단이 들고 있는 가면은 뭐지?

 **소노수정 작가** 제주도에서 다육식물과 함께 살고있는 소노수정입니다. 마음꽃에서 '황당교실'을 연재중이며, 지은 만화책으로는 <마인드스쿨14-채소는 정말 싫어!>, 다육식물만화 <다육해줘>가 있어요!

안녕, 유니콘 마을!

유니콘 마을의 하늘은 언제 그랬냐는 듯 맑게 개었어.
"루스, 이제 떠나는 거야?"
꼬마 유니콘 분더의 얼굴에는 아쉬움이 가득했어.
나도 헤어지는 게 아쉬웠지만 학교로 돌아가야 했지.
그때 하늘에서 보랏빛 유니콘이 무지개 날개를 펄럭이며 내려왔어.
"이렇게 보낼 수는 없지!"
도형으로 변했던 대장 유니콘, 바이올렛이었어!
"모두 돌아온 기념으로 파티를 열 거야! 루스도 꼭 참석해 줘!"

글·일러스트 남남OK 콘텐츠 이다은 기자(dana@donga.com) 디자인 김은지
#연산 #소수 #덧셈_뺄셈

그림마다 한 개씩 숨어있는 숫자도 찾아봐!

큰 케이크에는 많은 밀가루가 필요해!

유니콘들이 모두 나와 요리하는데, 오븐 앞에서 뭔가 고민하는 유니콘이 보였어.
"무슨 일이야? 내가 도와줄까?"
"그게…, 여기 있는 밀가루들을 전부 써서 최대한 큰 케이크를 만들려고 하는데, 포대마다 수가 다르게 적혀있어서 전체 양을 모르겠어."

밀가루를 전부 합치면 얼마나 될까? 소수로 통일해 모두 더해보자.

기쁨과 주스는 나누는 만큼 행복해지지!

유니콘은 내가 계산해 준 밀가루의 양에 맞게 물을 넣고 케이크를 반죽하기 시작했어.
나는 만족스럽게 다른 곳도 둘러보았지.
"흠…, 어쩐다…?"
이번엔 과일주스를 만드는 테이블에서 왠지 내 도움이 필요해 보였어!

과일주스를 큰 통에서 작은 통으로 똑같이 나누어 담으려고 한다. 한 통에 얼마나 담으면 되는지 구해보자.

과일주스를 나누어 담고 내 키보다 큰 케이크를 먹는 동안, 어느새 하늘은 붉은 노을로 물들기 시작했어.
"정말 고마웠어, 루스."
"또 놀러 와야 해!"
유니콘들이 나에게 한마디씩 작별 인사를 했어.
분도도 활짝 웃는 얼굴로 배웅을 해주어서 마음이 놓였지.
"그런데…, 이제 우린 어디로 가지?"
이번엔 오르비아 공주와 원 마법사의 표정이 어두워 보였어.
도형나라가 사라져서 갈 곳이 없나 봐.
"얘들아, 우리 학교로 오지 않을래?"
나는 두 사람에게 말했어.

다 같이 루스의 학교로?! 17호에서 계속

출동, 슈퍼 M
수학 궁금증 해결!

놀이북 8쪽과 함께 보세요!

3할 5푼 6리가 무슨 뜻이에요?

응원하는 팀의 야구 경기를 보고 있었는데, 한 타자★의 타율★이 '3할 5푼 6리'라고 소개되더라고요. 3할 5푼 6리는 도대체 무슨 의미인가요? 슈퍼M이 알려주세요~!

글 장경아 객원기자 **진행** 최송이 기자(song1114@donga.com) **디자인** 김은지 **일러스트** 김태형 **사진** GIB
#슈퍼M #생활수학 #야구 #할푼리 #소수 #비율

용어 설명

타자★ 야구에서 배트(방망이)를 가지고 공을 치는 선수를 말해요.
타율★ 타자가 공을 친 전체 횟수 중에서 안타의 횟수가 차지하는 비율을 말해요.

야구에 숨은 '비율'

야구 경기를 보면 승률, 타율, 방어율 등의 단어를 쉽게 들을 수 있어요. 이 단어들은 모두 '비율'을 나타내지요. 비율이란, 기준이 되는 양에 대한 비교하는 양의 크기를 분수나 소수로 나타낸 것을 말해요. 예를 들어, 3학년 2반 학생 전체가 25명이고, 그중 남학생이 12명이라면 3학년 2반의 남학생 비율은 $\frac{12}{25}$ 또는 0.48로 나타낼 수 있는 거예요. 비율 = $\frac{비교하는 양}{기준이 되는 양}$ 이에요.

야구에서 승률은 총 경기 수에 대해 승리한 경기 수가 나타내는 비율을 말해요. 한 야구팀이 10번 경기를 해서 7번 이겼다면, 이 팀의 승률은 $\frac{7}{10}$ 이므로 0.7이라고도 나타낼 수 있지요. 마찬가지로, 타율은 공을 친 전체 횟수에 대해 안타가 나타내는 비율을 말해요. 안타는 타자가 안전하게 1루 이상 나갈 수 있도록 친 공으로, 1루타, 2루타, 3루타, 홈런이 모두 포함되지요. 타율 = $\frac{안타수}{전체 타수}$ 로 나타내요. 만약 어떤 타자가 타석★에 9번 나가서 안타를 3번 쳤다면 이 타자의 타율은 $\frac{3}{9}$ 또는 0.333이 되지요.

용어 설명

타석★ 야구에서 타자가 공을 치려고 서는 자리를 말해요.

야구에서는 왜 '할푼리'를 쓸까?

야구에서 타율을 나타낼 때, 소수로 나타내는 것과 3할 5푼 6리처럼 '할푼리'로 나타내는 것에는 어떤 차이가 있을까요? 슈퍼M이 알려줄게요.

만약 한 타자가 258번 중에 100번 안타를 쳤다면, 이 타자의 타율은 100÷258로 구해요. 100÷258=0.387596899…인데, 이때 타율은 소수 넷째 자리에서 반올림해요. 소수 넷째 자리는 5이므로, 반올림하면 타율은 0.388이 되지요. 이 타자는 1000번 중 388번 꼴로 안타를 친다는 말과 같아요.

할 푼 리
0.388
3할 8푼 8리

타율 0.388은 '3할 8푼 8리'라고 읽기도 해요. 할, 푼, 리는 비율을 소수로 나타낼 때 사용하는 단위예요. 소수 첫째 자리를 할, 소수 둘째 자리를 푼, 소수 셋째 자리를 리라고 해요. 즉, 할은 0.1, 푼은 0.01, 리는 0.001이라는 비율을 나타내지요. 야구에서 타율을 소수점 아래 세 자리 수까지 나타내는 건 타자의 능력을 그만큼 정확하게 확인하기 위해서예요.

사실 할푼리라는 말은 일본에서 유래한 표현이에요. 일제 강점기*에 사용했던 단어를 오늘날까지 쓰게 된 것이지요. 그래서 요즘에는 할푼리보다는 비율 그대로 나타내거나 백분율*을 활용하는 경우가 많답니다.

할푼리를 비율이나 백분율로 나타낼 때는 소수로 쓴 다음 분수로 바꾸면 돼요. 예를 들어 2할 2푼 5리 =0.225이므로, 분수로 바꾸면 $\frac{225}{1000}$예요. 이를 백분율로 나타내면 $\frac{225}{1000} \times 100 = 22.5\%$가 되지요.

용어 설명

일제 강점기★ 일본이 우리나라를 강제로 차지했던 시기를 말해요.
백분율★ 기준이 되는 양이 100일 때의 비율을 말해요. 비율을 분수나 소수로 나타낸 다음 100을 곱해서 계산하고, 기호 '%(퍼센트)'를 써서 나타내지요.

 **우리나라 타율 왕은 누구?**

자료 : KBO 홈페이지

순위	선수 이름	소속 구단	기록	연도
1	백인천	MBC	0.412	1982
2	이종범	해태	0.393	1994
3	장효조	삼성	0.387	1987
4	에릭 테임즈	NC	0.381	2015
5	최형우	삼성	0.376	2016
6	마해영	롯데	0.372	1999
7	박용택	LG	0.372	2009
8	홍성흔	롯데	0.371	2009
9	장효조	삼성	0.370	1985
10	서건창	넥센	0.370	2014

우리나라 야구 선수의 역대 타율 기록 1위부터 10위까지를 표로 나타냈어요. 1위인 백인천 타자가 유일하게 타율 0.4를 넘었어요. 1982년은 우리나라 프로 야구가 시작된 해이기도 한데, 그 해의 기록이 지금까지도 깨지지 않은 최고의 타율이라는 점이 놀랍지요? '꿈의 타율'이라는 말이 있을 정도로, 타자들에게 타율 0.4는 좀처럼 갖기 힘든 기록이라고 해요.

생활 속 수학 궁금증 해결!

박지우
대구 한솔초 3학년

Q. 저는 사인펜으로 색칠하는 걸 좋아해요. 그런데, 사인펜의 종류에 따라 진하기가 다르더라고요. 같은 색인데 왜 사인펜마다 진하기가 다른가요?

'농도' 차이 때문이에요. 농도란 용액★의 진하고 묽은 정도를 말해요. 물에 물감을 넣고 저을 때, 물감이 많이 들어가면 물의 색이 진하고, 물감이 적게 들어가면 색이 연하지요? 이때 색이 진할수록 농도가 높다고 해요. 어떤 사인펜의 색깔이 훨씬 진하다면, 그 사인펜은 잉크의 농도가 높은 제품일 가능성이 커요!

용어 설명
용액★ 두 가지 이상의 물질이 액체 상태로 고르게 섞인 것을 말해요.

※ 생활 속 해결하고 싶은 수학 궁금증이 있다면 슈퍼M에게 메일을 보내주세요. asksuperm@gmail.com로 신청자의 이름, 연락처와 함께 사연을 보내면 됩니다. 사연이 채택된 신청자에게는 소정의 선물을 드려요!

3회전에서 100점이라니….
영민이의 요리 실력이 뛰어난 건 알고 있었지만, 정말 대단하다!
히히
우…. 나도 가방을 잃어버리지만 않았다면 더 높은 점수를 받을 수 있었을 텐데!
삐죽
아아, 잠시만 집중해 주시기 바랍니다.
방금 막 3회전 심사가 모두 끝났는데요.
참가하신 여러분 모두 수고하셨습니다.
이어서 75점 이상을 받아 3회전을 통과한 참가자들은 앞으로 나와 주세요!
웅성
웅성
응? 무슨 일이지?

확률은 $\frac{1}{3}$! 단지는 과연 어떤 색 공을 뽑을까?

하성호 작가 — 제주도에서 만화를 그리며 가끔 강의도 하고 있습니다. 좋아하는 것은 운동과 캠핑입니다.

호수 밑바닥의 거대 로봇과 블랙 캐스퍼?! 또 무슨 일을 꾸미는 거야!

 홍승우 작가　마이보와 요미의 귀염 귀염한 액션 활약 많이 기대해 주세요!

필요한 재활용품만 쏙쏙!

캔, 페트, 병, 비닐 등의 재활용 쓰레기는 재활용 쓰레기 선별장으로 보내져요. 이전까지는 사람들이 손으로 일일이 골라내곤 했지만, 최근에는 인공지능 로봇이 쓰레기를 골라내는 일을 돕고 있어요. 인공지능 로봇은 카메라로 쓰레기를 알아본 다음, 로봇팔을 이용해 재활용품만 골라낼 수 있지요. 앞으로 인공지능 로봇을 활용하는 곳이 많아지면 재활용품을 골라내는 데 드는 시간과 사람의 힘을 줄일 수 있을 것으로 보여요.

선별* 가려서 따로 나누는 것을 말해요.

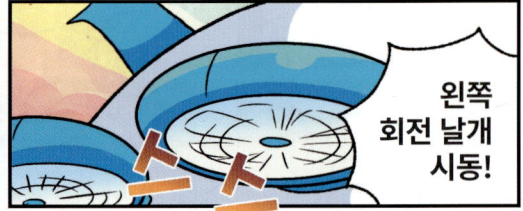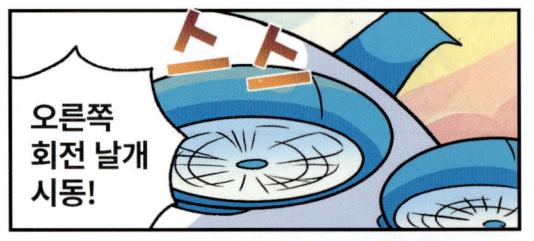

역시, 장남강의 짓이었어!

신기한 순환소수 기차

칙칙폭폭~!

뿌뿌~! $\frac{1}{7}$기차가 지나가고 있어요. 이 기차의 이름은 **순환소수**래요. 맨 앞칸에는 0과 소수점이 적혀있고, 그 뒤에는 칸마다 같은 숫자가 적혀 있어요. 순환소수 기차에 숨어 있는 신기한 규칙을 함께 찾아 봐요!

글 최은솔 기자(eunsolcc@donga.com) 디자인 김은지
#소수 #순환소수 #신기한_소수

순환소수
소수점 아래의 특정한 위치부터 일정한 숫자가 규칙적으로 반복되는 소수예요.

순환마디
순환소수에서 일정한 숫자가 반복되는 부분이에요.

순환소수 표현하기
순환마디의 시작과 끝부분의 숫자 위에 점을 찍어서 표현해요.

$\frac{1}{7}$은 1을 7로 나눈 수예요. 그 값은 0.142857142857142857…로, 소수점 뒤에서 142857이 끊임없이 반복되는 순환소수지요. 142857처럼 반복되는 부분을 **순환마디**라고 하고, 반복되는 숫자 위에 점을 찍어 0.1̇42857̇로 나타내요.

순환철도 999

신기한 규칙이 있는 순환소수도 있어요. 순환마디의 중간을 똑 잘라 절반으로 나눈 다음, 나눠진 두 부분을 더하면 999와 같이 9가 이어진 수가 나오지요. 예를 들어 순환소수인 $0.\dot{1}4285\dot{7}$에서 순환마디인 142857을 두 부분으로 나누고, 나눠진 두 부분끼리 더하면 142+857=999가 돼요.

$\frac{1}{17}$을 순환소수로 나타내 볼까요? $0.\dot{0}588235294117647\dot{}$. 순환마디가 무려 16자리예요. 앞쪽 8개, 뒤쪽 8개로 나눈 후 합을 구하면, 05882352+94117647=99999999가 되지요. 기차의 빈칸을 채우며 신기한 규칙을 확인해 봐요!

펼치면 나타나는 소수 동산

난이도 : 금손(중)

걸리는 시간 30분

만들기 영상

QR코드를 찍고 소수 동산을 함께 만들어 봐요!

1
다음 쪽으로 한 장 넘기면 배경판이 있어요. 놀이북 23쪽과 25쪽의 도안을 오려 준비해요.

2 숲 도안

점선을 따라 접었다 펴고, 가운데 삼각형 모양을 오리세요.

뒤집기

3
점선을 따라 사진과 같이 접고, 빗금친 부분에 풀칠하세요.

4
배경판의 '풀칠'부분에 숲 도안을 붙이고, 풀이 마르도록 잠깐 기다려요. 책을 덮었다 펼치면 동산이 나타나는 팝업북이 돼요.

벌이 얼마만큼 살고 있나요?

여러분이 원하는 만큼 꿀벌을 붙이고 총합을 적어보세요.

바위 뒤에도 빼꼼~!

모두 더해서 8이 되는 물고기들을 붙여보세요.

직접 소수를 적어서 붙여 보세요.

여러분은 어떤 팝업북을 만들었나요? **플레이콘**에 올려서 자랑해 주세요! 추첨을 통해 여러분께 선물을 드립니다!

옥톡과 달냥의 우주 탐험대

안녕? 우린 우주인이 되기 위해 특수훈련을 마친 옥톡과 달냥이야. 어느 날 외계인으로부터 신호를 받아서 그들을 만나기 위해 여행을 떠나기로 했지. 우주 탐사선들의 부품을 모아 멋진 우주선도 만들었어. 긴 여행 끝에, 마침내 외계인의 신호가 출발한 행성에 도착했어!

글 조현영 기자(4everyoung@donga.com)
콘텐츠 김준수(과학동아 천문대)
디자인 오진희 일러스트 김태형, GIB 사진 NASA
#알파_센타우리 #프록시마_센타우리 #행성
#항성 #소수

수많은 부품을 모아 우주에서 가장 멋지고 튼튼한 옥톡&달냥의 우주선을 만들었어! 함께해 준 〈어수동〉 독자들 덕분이야. 고마워~!

NASA가 인공위성 망원경으로 찍은 알파 센타우리예요.

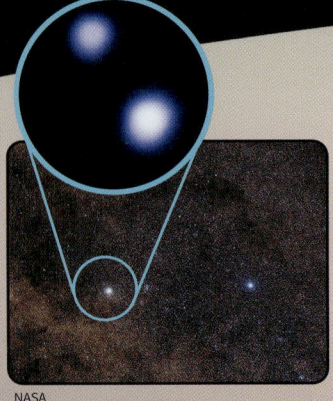

NASA

알파 센타우리

태양계와 약 4.37광년 거리만큼 떨어져 있는 항성계*예요. 태양처럼 밝은 항성*이 세 개나 있지요. 첫 번째 항성인 '리길 켄타우르스'는 태양보다 1.519배 밝고, 두 번째 항성인 '톨리만'은 태양의 0.445배만큼 밝아요. 세 번째 항성인 '프록시마 센타우리'는 비교적 어두운 편인데, 밝기가 태양의 0.001배에 불과하답니다.

우주선 에너지 충전 미션

태양계와 알파 센타우리는 빛의 속도로 4.37년을 가야 닿는 거리에 있어요. 만약 같은 거리를 빛의 속도보다 2배 빠르게 간다면 몇 년이 걸릴까요?

① 2.185년
② 4.15년
③ 8.74년

삐빅, 여기는 프록시마 센타우리의 프록시마 b! 옥톡과 달냥을 만나고 싶다!

프록시마 센타우리와 프록시마 b

프록시마 센타우리는 **태양계에서 가장 가까운 항성**이에요. 프록시마는 '가깝다'는 뜻의 라틴어 단어예요. 과학자들은 프록시마 센타우리의 주변을 도는 행성 '프록시마 b'의 땅속에 생명체가 살 수도 있다고 추측했어요. 프록시마 b의 온도, 빛, 바람 등이 생명체가 살기에 적당하기 때문이지요. 이처럼 생명체가 살 가능성이 있는 행성은 **슈퍼 지구**라고 불려요.

용어 설명

항성계* 여러 항성이 서로의 힘에 이끌려 주변을 일정하게 맴도는 것을 말해요.
항성* 아주 뜨거운 기체 물질 '플라즈마'가 똘똘 뭉쳐 이루어진 천체예요.

보드게임

1

카드 60장이 있어요. 앞면에는 피자, 초콜릿, 분수가 있고, 뒷면에는 세 가지 그림 중 하나가 있어요. 카드를 뒷면이 보이게 쌓아요.

2

세 가지 방법으로 게임을 해요. ①카드 뒷면의 그림을 기억하고 앞으로 뒤집어요. 뒷면과 같은 종류의 그림이 나타내는 분수를 먼저 외치면 카드를 얻어요.

3

②카드 더미에서 2장을 골라, 뒷면의 그림을 기억하고 동시에 뒤집어요. 뒷면과 같은 종류의 그림이 나타내는 분수 중 더 큰 수를 먼저 맞히면 카드 2장을 얻어요.

셈셈스피드 분수

행복한바오밥
happybaobab.com
22,000원
이용 연령 | 9세 이상
참여 인원 | 2~6명

6

세 가지 방법 모두 카드가 1장만 남을 때까지 진행해요. 게임이 끝난 뒤 가장 많은 카드를 모은 사람이 승리해요!

5

분수들을 더했을 때 자연수가 나오면, 그림의 이름(피자, 초콜릿, 분수)과 자연수를 함께 말해요. 만약 정답이라면 해당 그림이 있는 카드들을 얻어요.

4

③참가자가 돌아가며 카드를 1장씩 뒤집어요. 카드 더미의 맨 위에 있는 그림과 같은 종류의 그림이 나타내는 분수들을 확인해요.

➕ 놀면서 배우자!

- 분수를 더하고 빼며 계산 능력을 기를 수 있어요. 세 가지 방법으로 게임을 하다 보면 분수 읽기, 분수의 크기 비교, 분수의 덧셈을 두루 연습할 수 있지요.
- 분수를 소수로 바꿔서 더하는 방법도 연습해 볼 수 있어요. 만약 카드에서 $\frac{4}{10}$와 $\frac{3}{5}$ 피자가 나왔다면, 각각 0.4와 0.6으로 바꾼 뒤 더하면 1이라는 것을 알 수 있어요.

 **영상**

유튜브 캡처

0.01초 만에 카드가 바뀌는 마술

0.01초 만에 카드가 바뀔 수 있을까요? 0.01초는 1초를 100으로 나눈 만큼 정말 짧은 시간이에요. 이렇게 눈 깜빡할 새에 빠르게 카드를 바꾸는 마술 기법이 있어요. 창문을 열면 완전히 다른 세상이 보인다는 뜻인 '윈도우 체인지' 기법이지요. 이 기법을 사용하면 카드를 순식간에 뿅! 하고 바꿀 수 있어요. 자세한 과정은 영상으로 확인해 보세요!

 **책**

교과서를 깨고 나온 수학 : 아인슈타인도 궁금해할 특별한 수학 질문 35

김용관 글 | 북장단 | 14,000원

아인슈타인은 재미있는 수학 질문을 하며 상상력을 길렀어요. 암기하고 문제를 푸는 것뿐만 아니라, 틀을 깬 생각들 덕분에 위대한 수학자이자 과학자가 될 수 있었지요. 0은 왜 +0, -0이 아니라 그냥 0일까요? 왜 원은 꼭 동그래야 할까요? 흥미로운 수학 질문들을 살펴보며, 아인슈타인처럼 상상력을 길러보세요.

 **책**

진짜 편의점 간식을 접어라!

지나쌤의 종이친구 글 | 키득키즈 | 12,000원

편의점 친구들과 함께 삼각김밥부터 라면, 과자, 아이스크림까지 다양한 간식들을 종이접기로 만들어보세요. 달고나, 꽈배기 같은 추억의 간식이 나오는 자판기도 만들 수 있답니다. 책에 있는 도안의 선을 따라 가위로 오리고, 점선대로 종이를 접다 보면 어느새 맛있는 간식이 완성돼 있을 거예요!

 **영상**

유튜브 캡처

볼펜 똥이 자꾸 나오는 이유

볼펜 끝을 보면 아주 조그마한 구슬이 있어요. 이 구슬은 종이와 닿으면 돌아가지요. 그때 볼펜 심에 있던 잉크가 구슬에 묻어져 나오면서 종이에 글이 써져요. 0.5mm, 0.7mm, 1.0mm와 같은 펜촉의 굵기도 구슬의 크기에 따라 달라져요. 구슬에 묻은 잉크가 왜 볼펜 똥이 되는지 궁금하지 않나요? 볼펜 똥이 생기는 과정을 영상으로 확인해 봐요!

- 관심은 곧 사랑이라죠! -

글·그림 최수경 콘텐츠 최송이 기자(song1114@donga.com)

여러분이 어수동 편집팀에게 하고 싶은 질문은?

어린이 수학동아가 찾아갑니다!

<어린이수학동아>를 정기구독으로 만나보세요. 한 달에 두 번 최신 호를 가장 빠르게 받아볼 수 있습니다. 1년을 구독하면 초등 수학의 모든 영역을 담은 <어린이수학동아> 24권을 모두 받을 수 있어요. 또, 정기구독 독자에게만 드리는 혜택도 누릴 수 있어요.

★ **정기구독으로 초등 수학 완전 정복!**

연간 교과 연계 구성	1월	2월	3월	4월	5월	6월
	수의 자리	덧셈	곱셈	뺄셈	나눗셈	분수
	모으기, 가르기	덧셈	곱셈	뺄셈	나눗셈	분수
	7월	**8월**	**9월**	**10월**	**11월**	**12월**
	소수	시간과 달력	각도	사각형	분류하기	규칙 찾기
	길이, 들이, 무게	원	삼각형	다각형	그래프	규칙 찾기

※ 정기구독 신청일 기준으로 해당 월호가 배송되며 1년 중 24권을 모두 받을 수 있습니다.

어린이수학동아 정기구독 혜택 100% 누리기!   정기구독 신청 (02)6749-2002

기자단 활동
★ 전국 과학관 및 박물관 상시 무료 입장
★ 내가 쓴 기사를 현직 기자가 첨삭!
★ 기사와 체험 활동은 포트폴리오로 관리

연장회차별 할인쿠폰 지급
★ 연장 구독 시 5,000원부터 최대 15,000원까지 즉시 할인 가능한 쿠폰 제공

더욱 새로워진 d라이브러리
★ 정기구독 인증하면 무제한 PASS 제공 (자녀 인증시, 1+1 증정!)
★ 모든 매거진 기사, 학습만화, 전자책까지! 동아사이언스의 오리지널 시리즈 제공
★ 콘텐츠 이용 패턴 분석을 통한 맞춤형 **교과 연계 콘텐츠 및 진로 추천**

시민과학 프로젝트 참여 기회 제공
★ 이화여대 장이권 교수와 함께하는 **지구사랑탐사대 우선 선발**
★ AAAS 국제과학언론상 수상! **우리동네 동물원 수비대 우선 선발**
★ 줍깅! 분리배출! 플라스틱 일기까지! **플라스틱 다이어트 프로젝트 참여**

어수동×어과동 기자단 가입하고
86개 전국 과학관·박물관 취재하세요!

<어린이수학동아>를 정기구독해서 보는 친구에게는 정말 좋은 혜택이 있어요! 바로 어린이수학동아×어린이과학동아 기자단 활동! 기자는 원하는 정보를 얻기 위해 해당 분야 전문가를 만나 취재하고 기사를 쓰죠. 친구들도 <어수동> 기자처럼 전국 86개 과학관과 박물관에 무료 입장해 취재하고 기사를 쓸 수 있어요. 기사를 써서 팝콘플래닛 '기사콘'에 올리면 <어수동> 기자가 직접 첨삭해 기사를 출고합니다. 기자단에 가입하고 꼭 기자단 혜택을 누리세요!

양윤서

위 사람은 동아사이언스에서 운영하는 어과동, 어수동 기자단임을 증명합니다.

기자단에 가입하면 얻는 혜택

- **혜택 1** 86개 — 전국 주요 과학관 및 박물관 무료 또는 할인 입장
- **혜택 2** 첨삭 — 현직 기자의 글쓰기 첨삭 지도
- **혜택 3** 취재 — 다양한 현장 취재 참여
- **혜택 4** 포트폴리오 — 내가 쓴 기사를 내려받을 수 있는 포트폴리오 제공

앱 설치하고 모바일 기자단증을 받으세요!

가나아트파크	국립중앙박물관	서울시립과학관	종이나라박물관	강화자연사박물관
국립해양생물자원관	서울함공원	BMW주니어 캠퍼스	거창월성우주창의과학관	김천녹색미래과학관
섬진강어류생태관	이화여자대학교 자연사박물관	경기도어린이박물관	나로우주센터 우주과학관	책과인쇄박물관
경기북부어린이박물관	대전목재문화체험장	소리체험박물관	경기도박물관	창원과학체험관
다이나믹메이즈(서울인사동점)	수원시립아이파크미술관	뮤지엄그라운드	동아일보 신문박물관	코리아나 화장박물관
한국자연사박물관	둘리뮤지엄	어메이징파크	콩세계과학관	수소안전뮤지엄
한국초콜릿연구소 뮤지엄(곡성점)	예천천문우주센터	포마 자동차 디자인 미술관	태백고생대자연사박물관	구미과학관
목포어린이바다과학관	우석헌자연사박물관	양평곤충박물관	국립과천과학관	용인곤충테마파크
파주나비나라박물관	국립광주과학관	뮤지엄김치간	인천어린이과학관	한국만화박물관
박물관은살아있다(서울인사동점)	전곡선사박물관	한국초콜릿연구소 뮤지엄(가평점)	국립대구과학관	국립부산과학관
국립대구기상과학관	사비나미술관	은산어울림생태박물관	서대문자연사박물관	조명박물관
삼성화재모빌리티뮤지엄	제주항공우주박물관	국립중앙과학관	해남공룡박물관	아침고요수목원
전라남도해양수산과학관	은평역사한옥박물관	의왕조류생태과학관	그대, 나의 뮤즈(강릉점)	스토리스튜디오X 스토리라이브러리
제주 로봇플래닛	땅끝해양자연사박물관	람사르고창갯벌센터	런닝맨체험관(부산점)	런닝맨체험관(강릉점)
키즈마린파크	고양어린이박물관	애니메이션박물관	부산칠드런스뮤지엄	목인박물관 목석원
한택식물원	키자니아(서울)	키자니아(부산)	한국조리박물관	목포자연사박물관
보성비봉공룡공원	세계다문화박물관	아산퍼스트빌리지 공룡월드	온양민속박물관	현대 모터스튜디오 고양
코리아나미술관				

※상설전시관 기준, 모바일 기자단증 제시 필수

어린이 수학동아 편집부 ♥ 후기 ♥

 최은혜 편집장
'서울일러스트레이션페어'에 다녀왔어요. 개성 뚜렷한 그림들과 예쁜 스티커, 메모지, 엽서 등 굿즈가 많았어요. 〈어수동〉 독자들은 어떤 그림을 좋아할까 궁금해요!

 **최송이 기자**
몸도 마음도 지쳤을 땐, 마음에 드는 옷을 꺼내 입고 여행을 떠나면 조금 나아지더라고요. 여러분의 최애 여행지는 어디인가요?
#홍시가_여름을_보내는_방법
#패셔니스타견

 조현영 기자
제가 만든 꽃팔찌예요. 이 팔찌에 쓴 구슬의 지름은 모두 3mm였어요. 재료를 살 때 구슬은 mm로, 줄의 두께는 cm로 표시해서 팔길래 "0.3cm짜리 줄로 잘 골라서 사야겠다!"라고 생각했는데…. 사 오고 보니 0.5cm짜리 줄이었어요.
#소수_첫째_자리_수는_못_봤다

 최은솔 기자
여름을 맞아 슬리퍼를 장만했어요. 그런데 SEIZE 팀 PD님도 똑같은 슬리퍼를 신고 등장했어요! 그날따라 둘 다 청바지를 입어서 더 쌍둥이처럼 보였지요.
#푹신_푹신 #쨍한_초록색이_좋아요

이다은 기자
여름이면 빼놓지 않고 꼭 먹어야 하는 음식, 콩국수! 소금과 설탕 중에 무엇을 넣을지 늘 고민한답니다.
#오늘은 #소금 #음식점에_소금만_있어서

오진희 디자인 파트장
회사 가까운 곳에 새하얗게 공사를 하던 곳이 있어서 어떤 곳이 생길지 궁금했었는데 브런치 가게였답니다~. 음식도 맛있었지만 데이지꽃이 가득 담긴 화병과 인테리어도 멋졌어요!

김은지 디자이너
현영 기자와 계곡…이 아니라 소수 동산에서 즐거운 시간을 보내고 왔답니다~. 우리 〈어수동〉 친구들도 재미있고 시원~한 하루 보내길 바랄게요!

내가 바로 <어수동> 표지 작가!

독자 여러분이 멋지게 완성한 <어수동> 표지를 소개합니다. 놀이북 표지를 내 맘대로 색칠하고 '플레이콘'의 놀이터-어린이수학동아 게시판에 자랑해 주세요!

베스트 표지
독자 정예선(purity9737)

16호 표지

지금 바로 표지 작가에 도전하세요! 베스트 표지에 뽑히면 선물을 드려요!

이다은 기자

기자의 한마디

★ 이 약국의 이름은 '싹다고쳐 약국'! 이곳의 약을 먹으면 무슨 병이든 금세 다 나을 것 같아요.

★ 약사 소다와 조수 팡팡이가 물방울 무늬 모자를 썼네요. 어라, 자세히 보니 평범한 물방울 무늬가 아니라 소수점 무늬군요!

※ 베스트 표지로 선정된 분은 dana@donga.com으로 이름, 주소, 전화번호를 보내주세요!

어수동 찐팬을 만나다

수학과 책만 있으면 어디든 갈 수 있어!

글 이다은 기자 (dana@donga.com)

<어린이수학동아>의 진짜진짜 '찐팬'을 소개합니다! 찐팬으로 선정된 독자의 교실로 <어수동>을 보내드려요.

카페에서도 책을 읽는 다독왕 김보민 독자의 모습이에요.

어수동 요즘 가장 즐겨하는 건 뭔가요?

수학 연산이랑 책 읽기요! 수학 문제를 풀 때 머리로 빠르게 암산해서 정답을 찾아내는 게 재밌어요. 책 읽는 것도 좋아하는데 특히 역사책을 많이 읽어요. 한국사와 세계사, 위인전을 가장 자주 봐요. 얼마 전엔 유치원에서 '다독왕' 상도 받았어요! 최근 가장 기뻤던 일이에요. 그래도 가장 좋아하는 건 <어수동>을 보는 거예요.

어수동 <어수동>에서 본 내용을 일상에서 떠올린 적 있나요?

놀이북의 '말랑말랑 두뇌퍼즐'에서 스도쿠 문제를 즐겨 풀었는데, 얼마 전에 읽었던 책에도 스도쿠가 많이 나와서 반가웠어요. 또 동생이랑 간식을 나눠 먹을 때 <분수와 소수 ①>호의 '냠냠! 공평하게 나누면 더 맛있지롱' 기사에서 읽었던 걸 떠올렸죠. 엄마가 항상 간식을 반으로 나눠 주셨는데 분수로 표현하면 $\frac{1}{2}$씩이라는 걸 생각했어요.

어수동 <어수동>에서 가장 좋아하는 게 뭐예요?

표지 색칠하는 거요! 캐릭터도 예쁘고 알록달록해서 마음에 들어요. 가장 기억에 남는 표지는 비버 삼남매가 나오는 <덧셈과 뺄셈 ②>호예요. 비버 삼남매의 벽돌집을 색칠하면서 중간에 있는 문제도 함께 푸는 게 재밌었어요. 팝콘플래닛의 플레이콘에서 다른 형, 누나들이 올린 표지들도 봤는데 정말 멋졌어요. 또 가장 좋아하는 만화는 '인공지능 로봇 마이보2'예요. 캐릭터 '요미'가 특히 마음에 들어서 마이보를 가장 열심히 읽게 돼요. 제가 평소에도 고양이를 좋아하거든요.

김보민

어린이 수학동아 놀이북

수와 연산 | 분수와 소수 ❹

유대현 쌤의 사고력 쑥쑥 수학놀이
사랑의 물약을 만드는 특별한 배합표는?
놀러와! 도토리 오락실 | 추억의 뽑기 게임
도전! M 체스 마스터 | 캐슬링 전략

예쁘게 색칠해서 '**플레이콘**'에 올려주세요!

팝콘플래닛으로 놀러오세요!

팝콘플래닛은 어떤 곳인가요?
팝콘플래닛은 어린이의 상상으로 태어난 가상세계입니다.
총 4개의 콘으로 구성돼 있어요.

나의 작품을 직접 연재하는
웹툰/소설/그림 작가 되기!

기사도 쓰고~ 토론도 하고~
어과수 기자단 활동하기!

어린이수학동아, 어린이과학동아
콘텐츠를 한눈에 쏙!

지구를 지켜라!
시민과학자 되기!

팝콘플래닛에 들어가는 방법은?

웹(PC)으로 접속할 때
포털사이트에서 '팝콘플래닛'을 검색하거나 주소창에 www.popcornplanet.co.kr을 입력하세요.

앱(스마트폰/태블릿PC)으로 접속할 때
구글/앱 스토어에서 '팝콘플래닛'을 검색한 다음 앱을 설치하세요.

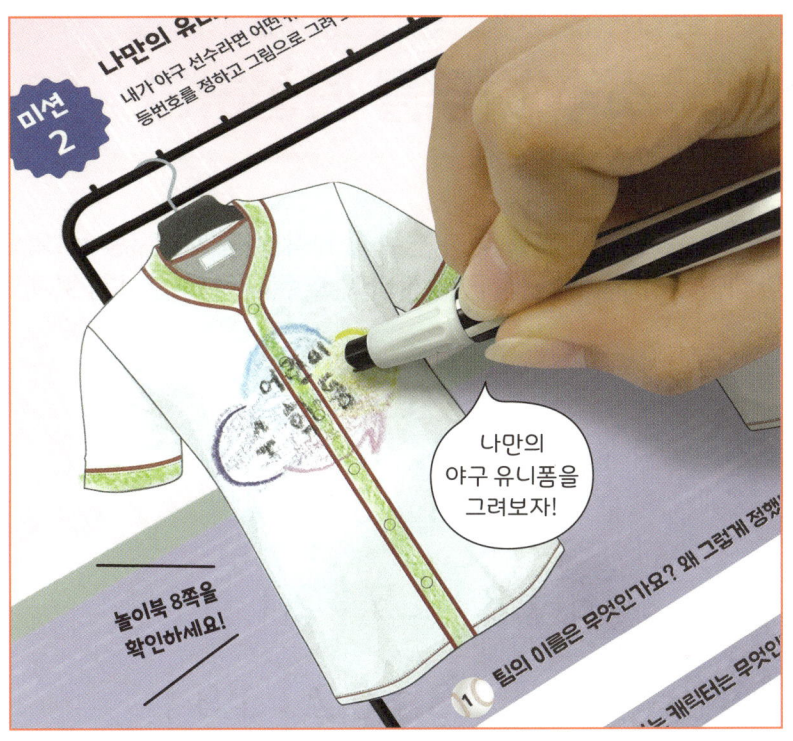

contents

책 모서리에 찍히지 않도록 주의하세요.

'플레이콘'에 놀러오세요!
놀이터-어린이수학동아 게시판에 나의 놀이북 활동을 자랑하면 추첨을 통해 선물을 드려요.

02 사고력 쑥쑥! 수학 놀이

06 이야기로 냠냠! 어수잼
다고쳐 약국의 라이벌?! 다사랑 약국 문 열다!

08 수학 궁금증 해결! 출동, 슈퍼M
최강 야구 타격왕!

10 놀러와! 도토리 오락실

12 말랑말랑 두뇌퍼즐

16 어수동네 놀이터

18 도전! M 체스 마스터
룩과 킹을 동시에 움직인다! 캐슬링

21 도전! M 체스 마스터 카드

23 다사랑 약국의 만능 알약들

25 팝업북 꾸미기

사고력 쑥쑥! 수학놀이

콘텐츠 유대현 서울유현초등학교 교사
(전 서울 중부교육지원청 영재교육원 강사)
진행 조현영 기자 4everyoung@donga.com
디자인 오진희 **일러스트** GIB
#소수 #분수 #계산 #덧셈 #뺄셈

소수 나무를 완성하라

※ 아래쪽 육각형 두 개를 더하면 위쪽 육각형 한 개의 값이 나와요. 아래쪽에서부터 차근차근 계산하여 소수 나무를 완성해 보세요.

예시

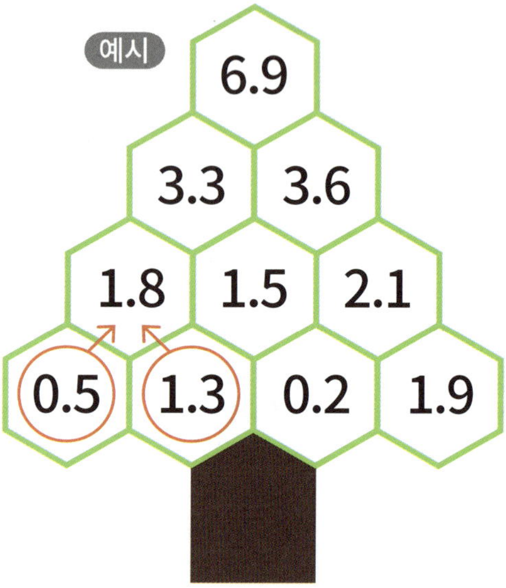

```
        6.9
      3.3  3.6
    1.8  1.5  2.1
  (0.5)(1.3) 0.2  1.9
```

문제 ❶

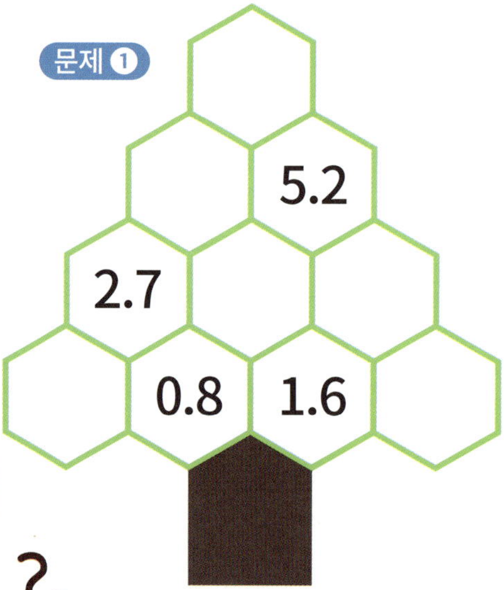

```
         5.2
       ?    ?
    2.7  ?    ?
      ?  0.8  1.6
```

0.8을 더했을 때 2.7이 되는 수는 뭘까? 2.7에서 0.8을 빼면 알 수 있겠다!

문제 ❷

```
        ?
      ?    ?
   1.2    1.7
  0.4   ?  1.1
```

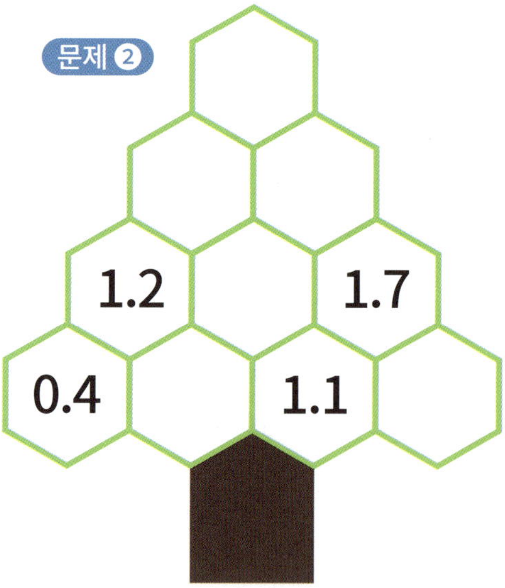

같은 방법으로 분수와 소수가 섞여 있는 나무도 완성해 보세요.

문제 ①

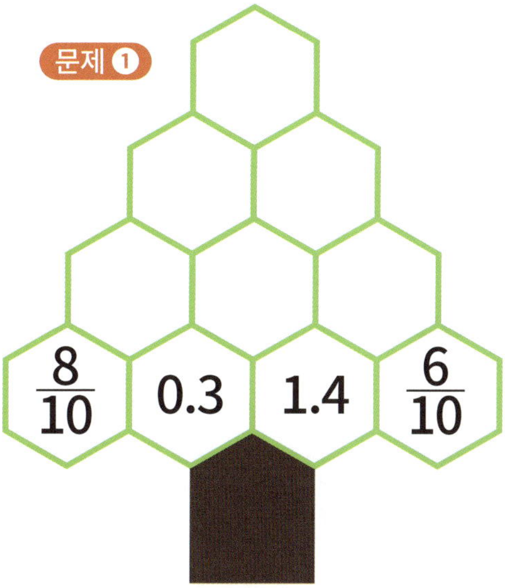

$\frac{8}{10}$ 0.3 1.4 $\frac{6}{10}$

문제 ②

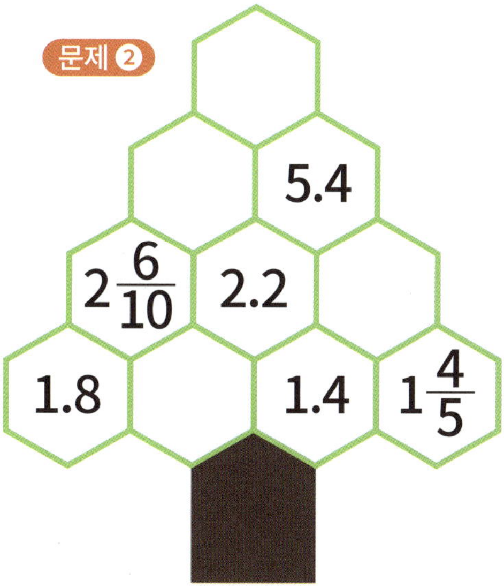

5.4

$2\frac{6}{10}$ 2.2

1.8 1.4 $1\frac{4}{5}$

문제 ③

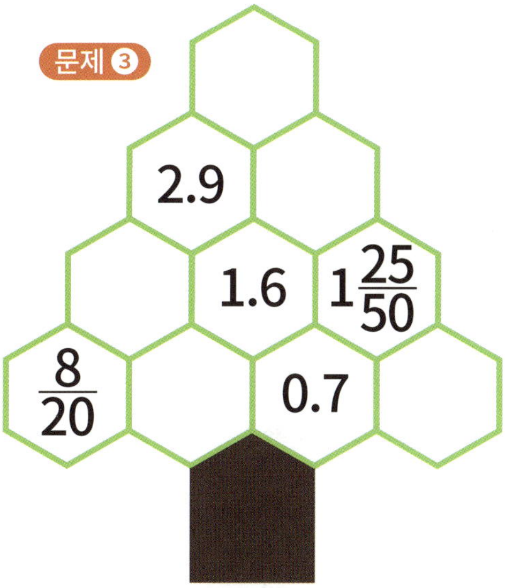

2.9

1.6 $1\frac{25}{50}$

$\frac{8}{20}$ 0.7

먼저 분수를 소수로 바꿔 봐! 분자를 분모로 나누면 돼.

$\frac{8}{10}$은 8÷10이므로 0.8이야!

가로세로 소수 퍼즐

💡 힌트를 보고, 빈칸에 들어가야 할 소수를 찾아 퍼즐을 풀어 보세요.

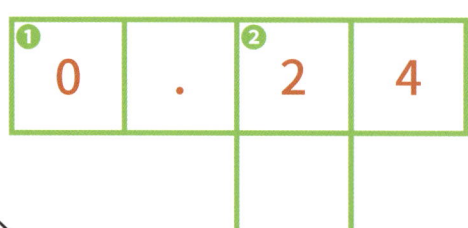

소수의 곱셈 방법은 자연수의 곱셈 방법과 같아! 단, 곱셈한 값에도 소수점을 꼭 찍어줘야 해. 곱하는 두 수의 소수점 아래 자리 수 합에 맞춰서 찍어.

예시
```
  0.3 ··· 1자리
× 0.8 ··· 1자리
─────
  0.24 ··· 2자리
```

힌트

─ 가로
① 0.3 × 0.8 = 0.24
③ 5.14 × 3
⑤ 3.43 × 2

│ 세로
② 4 × 0.64
④ 0.62 × 4

💡 좀 더 복잡한 퍼즐도 완성해 보세요!

소수점 아래의 자릿수가 다르다면 0을 붙여서 자릿수를 똑같이 만들어. 6.5는 6.50과 같아.

힌트

― 가로
❷ 6.5 × 0.04
❺ 3.6 × 4.27
❻ 7.06 × 4
❾ 0.93 × 6.8
❿ 2.5 × 6.7

❘ 세로
❶ 1.64 × 4.5
❸ 8.34 × 3.25
❹ 7.1 × 0.04

다사랑 약국 문 열다!

다고쳐 약국의 라이벌?!

이곳은 다고쳐 약국의 반대쪽에 문을 연 다사랑 약국이에요. 다고쳐 약국이 너무 멀어 갈 수 없는 환자들을 위해 새로 생겼지요. 여러분이 다사랑 약국의 약사가 되어 환자들에게 필요한 약을 만들어 주세요!

글 조현영 기자(4everyoung@donga.com) 디자인 김은지 일러스트 남동완
#소수 #덧셈 #뺄셈

어떤 알약이 필요할까?

환자들이 다사랑 약국에 처방전을 들고 찾아왔어요. 놀이북 23쪽에서 알약에 적힌 소수를 확인한 뒤 무게가 알맞은 것을 찾아 약 봉지에 붙여 주세요.

남은 알약은 폐기 약품 수거함에 넣어서 버려 줘!

처방전
병명: 축축처져 감기

힘내라힘 알약
1.5g + 3.5g

오늘도 즐거워 정
2.7g + 2.7g

기쁨가득 영양제
10.5g + 1.8g

처방전
병명: 이글이글 더위병

더위 시러 비타민
10.0g - 5.9g

시원시원 알약
6.1g - 4.1g

한겨울 피로회복제
5.8g - 2.5g

처방전
병명: 꼬르륵 배탈

배가빵빵 소화약
6.7g - 3.1g + 1.2g

속이편안 정
9.4g + 1.6g - 8.5g

몸이튼튼 영양제
8.9g - 4.9g + 2.2g

다사랑 + 약국

다사랑 + 약국

다사랑 + 약국

사랑의 물약 만들기

사랑하는 가족, 친구들에게 줄 나만의 특별한 물약을 만들어 봐요. 준비된 재료들 중 원하는 것을 골라 '배합표'에 적어요. 재료를 모두 더한 양은 총 1L여야 해요. 원하는 재료를 모두 더해도 1L가 되지 않는다면, '○○○의 사랑'을 필요한 만큼 더하세요. 내가 만든 물약은 어떤 색깔일지, 어떤 모양의 통에 담을지 상상해서 그려 보세요!

준비된 재료 목록

1년 동안의 은은한 행운	0.5L
1주 동안의 강렬한 행운	0.4L
용돈이 팡팡! 돈 복	0.333L
간식이 팡팡! 음식 복	0.3L
몸이 더 튼튼해지는 건강	0.25L
언제나 미소! 웃음 가득 즐거움	0.2L

[배합표]

사랑의 물약 합: **1L**

예시

[배합표]

1년 동안의 은은한 행운 0.5L
+
몸이 더 튼튼해지는 건강 0.25L
+
언제나 미소! 웃음 가득 즐거움 0.2L
+
김어수의 사랑 0.05L

사랑의 물약 합: **1L**

나의 놀이북 활동을 사진으로 찍어 '**플레이콘**'에 올려 주세요. 추첨을 통해 선물을 드려요!

최강 야구 타격왕!

야구에서 가장 높은 타율을 기록한 타자를 타격왕이라고 해요. 야구 선수의 타율을 직접 계산해 보고, 나만의 타격왕 유니폼을 그려 보세요.

글 장경아 객원기자 진행 최송이 기자(song1114@donga.com) 디자인 김은지 일러스트 김태형, GIB
#슈퍼M #생활수학 #타율 #할푼리 #소수

미션 1 : 야구 선수의 타율 계산하기

각 선수의 타율을 구하는 계산식을 쓰고, 타율의 값을 구해 빈칸을 채워요.
타율은 소수 넷째 자리에서 반올림해 셋째 자리까지 쓰고, 할푼리로도 나타내보세요.

안타÷타수로 계산해 보세요!

선수	타수	안타
김홈런	2658	902
나안타	3050	1009
이루타	3326	1085
최고율	3182	1041
도선발	6465	2094

선수	타율 구하는 식	타율	할푼리
김홈런	예시 902 ÷ 2658 = 0.33935…	0.339	3할 3푼 9리
나안타			
이루타			
최고율			
도선발			

나만의 유니폼 만들기

내가 야구 선수라면 어떤 유니폼을 입고 싶나요? 유니폼의 색과 팀의 이름, 등번호를 정하고 그림으로 그려 보세요.

1. 팀의 이름은 무엇인가요? 왜 그렇게 정했나요?

2. 팀을 대표하는 캐릭터는 무엇인가요? 왜 그렇게 정했나요?

3. 등번호는 몇 번인가요? 왜 그렇게 정했나요?

놀라운! 도토리 오락실

도토리 슈퍼

도토리 슈퍼에서 판매할 과일 바구니를 만들고 있다. 과일을 모두 합쳐 5kg짜리 바구니를 완성하려면 사과는 몇 kg 담을 수 있을까?

- 바나나 0.5kg
- 수박 3.5kg
- 사과 ___ kg
- 총 5kg

이 퀘스트를 해결하면 논리력 +3

[다음 게임]

[물풀기 게임]

최가을 Lv.03

도토리 슈퍼 직원

- 1 더하기 1은 2 논리력: 3
- 이 구역 똘똘쟁이는 나야! 수리력: 6

※각 능력치가 모두 10이 될 때마다 레벨 1 상승!

글 이다은 기자(dana@donga.com)
디자인 김은지 그림 소노수정, GiB
#도토리슈퍼 #연산 #소수 #닷셈 #뺄셈

추억의 뽑기 게임 일마나 남았을까?

가을은 스윙스랜드에 방문 중인 솜을 대신해 물건을 얼마나 팔았는지 정리하고 있다. 두 달 전부터 팔기 시작한 뽑기 게임 한 판: 뽑기 게임 한 판은 총 100개로 나뉘어 있다. 그동안 팔고 남은 뽑기는 얼마만큼인지 소수로 나타내다.

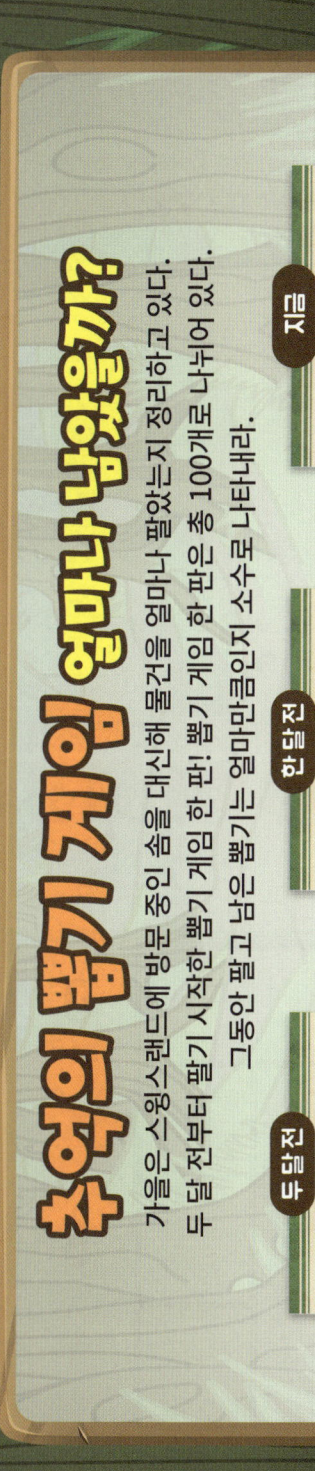

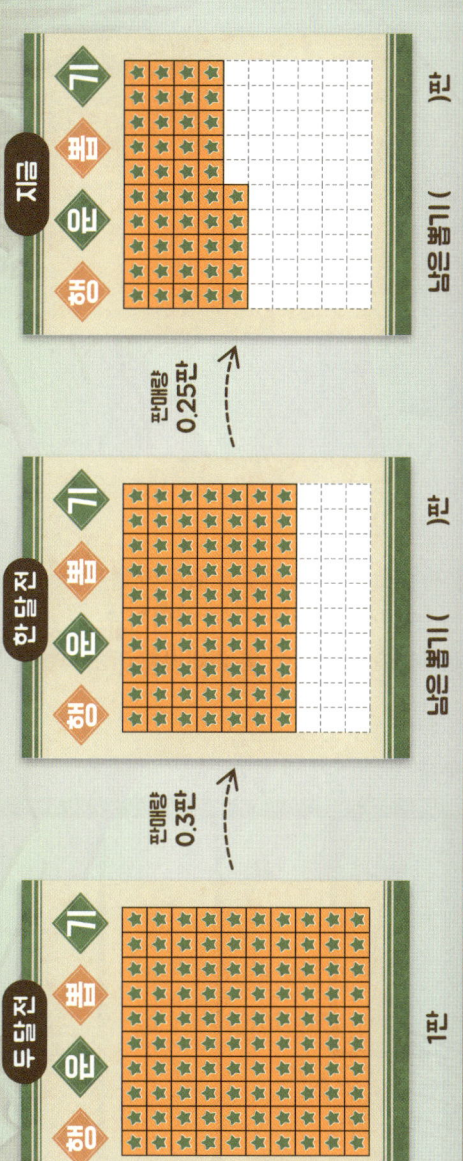

한 판에 뽑기가 총 100개니까 뽑기 한 개당 개당 0.01판이라고 할 수 있어. 두 달 전에는 한 판이 꽉 차 있었는데 한 달 동안 0.3판만큼 팔았으니까 남은 뽑기는 얼마인지 생각해 봐.

먼저 한 달 전에 남은 뽑기가 얼마인지 계산하고, 그 값에서 다음 달 판매량을 빼면 지금 뽑기가 얼마나 남았는지 알 수 있어.

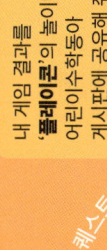
플레이로 방!

내 게임 결과를 '플레이존'에 놀이터-어린이수학동아 게시판에 공유해 줘!

이 퀘스트를 해결하면 추리력 +4

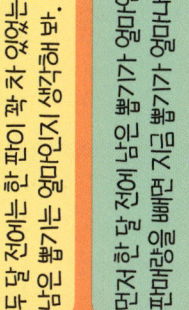

말랑말랑 두뇌 퍼즐

두뇌의 다양한 영역을 개발하고 사고력을 키우는 데 퍼즐이 매우 유용해요. 논리력과 수리력, 공간지각력, 관찰력을 키우는 퍼즐을 통해 두뇌를 자극해 보세요!

글 최은솔 기자(eunsolcc@donga.com)
이미지 shutterstock
퍼즐 한국창의퍼즐협회
#물_채우기 #가쿠로 #숫자길 #조각_맞추기

물 채우기

검정색 굵은 선으로 나뉜 공간에 물을 채워요. 물은 아래부터 위로 채워져요.
물의 성질에 따라, 한 공간 안에서 같은 높이에 있는 칸은 함께 채워져요.
맨 아래와 오른쪽에 적힌 숫자는 각각 세로줄, 가로줄에 물이 채워진 칸의 수예요.

예시

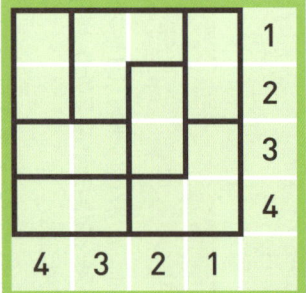

예시 정답

문제

※한국창의퍼즐협회는 세계퍼즐연맹의 한국 운영기관으로, 퍼즐을 놀이이자 교육, 여가활동으로 널리 알리고자 설립한 단체입니다.

흰색 빈칸에 주어진 수 중 하나를 골라 써요. 모든 수를 다 쓰지 않아도 되고, 같은 수가 여러 번 들어갈 수도 있어요. 단, 흰색 칸의 가로줄과 세로줄에는 같은 수가 반복되지 않아야 해요. 연두색 칸에 적힌 수는 그 줄의 수들을 더한 값이고, 대각선으로 잘린 칸은 그 칸의 오른쪽이나 아래쪽 두 칸을 더한 값이에요.

예시(주어진 수 : 1, 2, 3, 4, 5)

예시 정답

문제(주어진 수 : 1, 2, 3, 4, 5, 6)

6을 더해서 11이 되는 수는 뭘까?

숫자길

하늘색 칸에서 출발해 노란색 칸까지 선을 이어요.
선은 가로 또는 세로로만 그릴 수 있어요.
이때 연결한 선 위의 숫자가 작은 수에서 큰 수로 점점 커져야 해요.

예시

10	1	16	15
3	4	2	14
7	5	5	11
2	6	8	9

예시 정답

10	1	16	15
3	4	2	14
7	5	5	11
2	6	8	9

문제

3	6	8	9
1	18	15	4
1	17	16	7
20	19	14	10

선으로 연결한 수가 1씩만 커져야 하는 건 아니야!

관찰 퍼즐

조각 맞추기

<보기>의 조각과 합쳤을 때 사각형이 되는 조각을 찾아보세요.

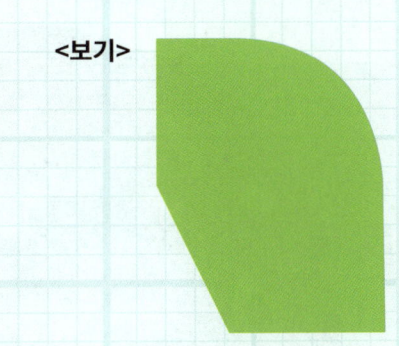

1. 2.

3. 4.

합쳤을 때 겹치거나 비는 부분이 있으면 안 돼!

어수동네 놀이터

담당 이다은 기자
(dana@donga.com)

'플레이콘'에 놀러오세요!
놀이터-어린이수학동아 게시판에 나의 놀이북 활동을 자랑해요. 추첨을 통해 독자 여러분께 선물을 드립니다!
<어수동> 속 재미있는 퀴즈와 게임의 정답도 플레이콘에서 확인할 수 있어요.

오늘의 챔피언
천아영
(chonayou333)

즐거운 부채 접기 활동을 했어요!
캐릭터를 직접 그리고 부채를 씌워줬어요.

도전! 일상 속 수학을 찾아라!

joms1984_0
11살 오빠가 6살 동생에게 과자를 10개씩 묶어서 셈을 가르쳐 줬어요. #어린이수학동아 #해피매쓰데이

scientist_mom15
학원에 쌓여 있는 물병의 개수와 우리 집의 계란 개수를 곱셈으로 세어 봤어요. #수학이즐겁다 #eogwadong

M 체스 세계에선 전투가 한창이에요. 체스는 암산 능력, 수치 해석 능력, 상황 판단 능력 등 전략적 사고력을 키우는 데 도움이 되지요. M 체스 세계의 전략 문제를 풀고, M 체스 마스터로 거듭나 봐요!

8×8 체스 경기장

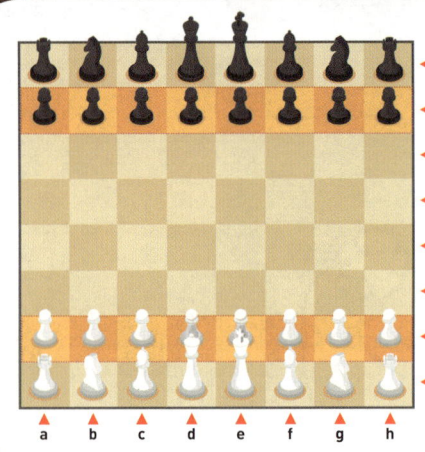

- ◁8 체스판의 세로줄인 '파일'은 왼쪽부터 순서대로 a, b, c, d, …h로 읽고 가로줄인 '랭크'는 맨 아랫줄부터 순서대로 1~8의 숫자를 붙여요. 기물 위치는 파일의 알파벳과 랭크의 숫자 조합으로 표시하지요. 체스가 시작될 때 흰색 퀸은 d1에, 검은색 킹은 e8에 있지요.

체스 기물의 가치 점수

처음에는 앞으로 1칸 또는 2칸 이동하고, 그 이후에는 앞으로 1칸씩만 이동함. 공격할 때는 대각선 앞에 놓인 상대편 기물만 공격할 수 있음.

폰 1점

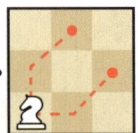

앞뒤나 양옆 중 한 방향으로 한 칸 움직인 다음, 그 방향의 대각선 왼쪽 또는 오른쪽으로 한 칸 더 움직임. 다른 기물을 뛰어넘을 수 있음.

나이트 3점

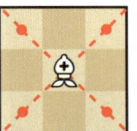

대각선 방향으로 원하는 만큼 움직임.

비숍 3점

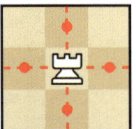

앞뒤와 양옆 직선 방향으로 원하는 만큼 움직임.

룩 5점

앞뒤, 양옆 직선 방향과 대각선 방향 어디로든 원하는 만큼 움직임.

퀸 9점

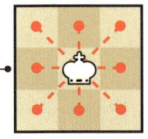

체스판에서 끝까지 지켜야 하는 왕. 앞뒤, 양옆 직선 방향과 대각선 방향으로 한 칸씩만 움직일 수 있음. 킹이 공격받는 상황에서 더이상 피할 수 없게 되면 게임이 끝남.

킹 무한대

룩과 킹을 동시에 움직인다!
캐슬링

체스판의 가운데에 있는 킹은 상대 팀의 공격을 받기 쉬우므로 가능하면 체스판의 구석에 있는 것이 안전해요. 반대로 체스판의 양 끝에 있는 룩은 가운데로 옮기면 더 많은 활약을 할 수 있지요. 특수 규칙인 '캐슬링'을 사용하면 이 두 가지가 동시에 가능해져요.

글 최송이 기자(song1114@donga.com) 콘텐츠 박인찬 유소년 체스 국가대표 디자인 김은지 일러스트 이민형
#체스 #기물 #캐슬링 #킹사이드캐슬링 #퀸사이드캐슬링

박인찬 (서울 목동중 2학년)
유소년 체스 국가대표

2022년 전국 유소년 체스 선수권 대회 U14 부문(만 14세 이하 남자)에서 1위를 했어요. 2023년에는 전국 유소년 체스 선수권 대회에서 전체 1위로 우리나라의 유소년 국가대표로 선정됐어요.

성을 만들어 킹을 보호하자!

캐슬링을 할 때는 킹을 룩이 있는 방향으로 두 칸 움직이고, 킹이 움직인 방향의 룩은 킹을 건너뛰어서 킹 바로 옆 칸으로 이동해요. h파일에 있던 룩이 f파일로 가는 캐슬링을 '킹사이드 캐슬링', a파일에 있던 룩이 d파일로 가는 캐슬링을 '퀸사이드 캐슬링'이라고 해요. 각 팀은 딱 한 번씩만 캐슬링을 할 수 있어요.

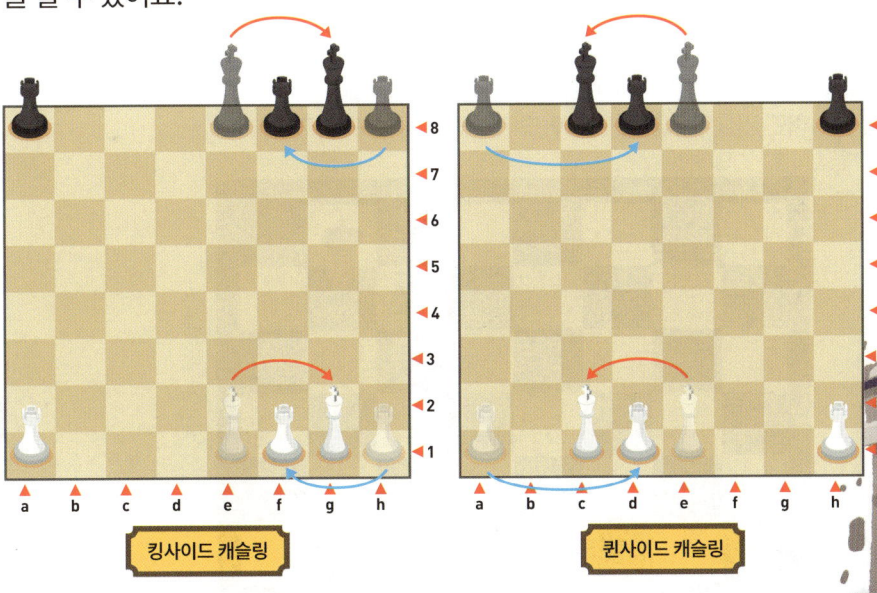

킹사이드 캐슬링 / 퀸사이드 캐슬링

기억하세요! 캐슬링 할 수 없는 상황
- ◆ 이미 킹이나 룩을 움직였을 때
- ◆ 킹이 공격받고 있을 때(체크일 때)
- ◆ 캐슬링 하는 킹과 룩 사이에 다른 기물이 있을 때
- ◆ 캐슬링 하기 위해 킹이 지나가는 길을 상대 팀이 공격하고 있을 때
- ◆ 캐슬링을 한 이후 킹이 도착하는 칸을 상대 팀이 공격하고 있을 때

도전! M 체스 마스터 전략 퀴즈

퀴즈 1 표시된 킹이 캐슬링 하려면 어느 쪽으로 해야 할까요?

킹이 유일하게 두 칸 움직일 수 있는 시간!

퀴즈 2 지금 흰색 킹은 퀸사이드 캐슬링을 할 수 없어요.
어떤 기물이 없어야 퀸사이드 캐슬링을 할 수 있을까요?

캐슬링을 못 하는 경우도 있군!

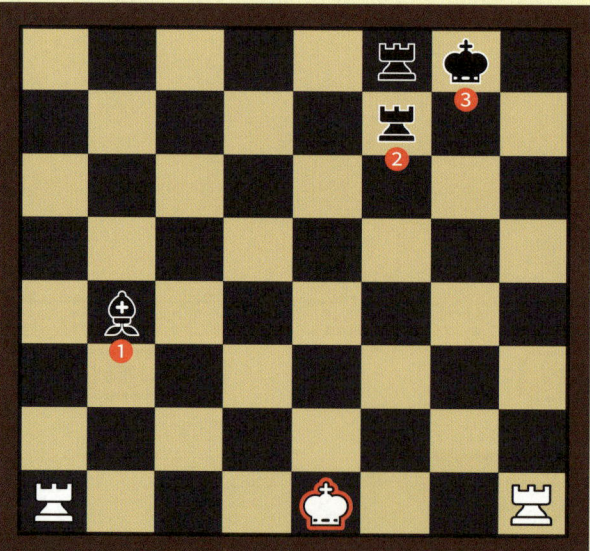

21~22쪽에서 나만의 마스터 카드를 완성해 봐!

캐슬링 마스터 카드

M 체스 마스터가 되려면 노력과 인내의 시간을 거쳐야 하지. 캐슬링을 배운 너희에게 M 체스 마스터 카드를 줄게. 앞으로도 체스 전략을 익히고 카드를 열심히 모으면 M 체스 마스터가 될 수 있을 거야. 오른쪽 카드에 있는 '레벨 업 퀴즈'를 풀면 M 체스 마스터에 한 발짝 더 다가갈 수 있어!

#체스 #기물 #킹사이드캐슬링 #퀸사이드캐슬링

록과 킹의 캐슬링

활동력 ★★★
록을 중앙으로 이동해 활약시켜요.

레벨 업 퀴즈

표시된 킹이 캐슬링 하려고 할 때 어느 쪽으로 해야 할까요?

보호하는 록

보호력 ★★★★★
캐슬링으로 킹을 안전하게 보호해요.

레벨 업 퀴즈

표시된 흰색 킹이 캐슬링을 할 수 없는 이유는 무엇일까요?

❶ 킹이 체크를 당하고 있어서
❷ 킹이 이미 한 번 움직여서
❸ 킹이 지나가는 길이 공격받고 있어서

가위를 사용할 땐 다치지 않게 조심하세요.

김사랑 국가대표가 알려주는 체스 비법

오른쪽 카드엔 항저우 아시안게임 체스 종목 최연소 국가대표인 김사랑 선수가 알려주는 체스 전략이 담겨있어. 왼쪽 카드에는 너희가 생각하는 '룩과 킹의 캐슬링'과 '보호하는 룩'의 모습을 자유롭게 그리고 특징을 적어 줘. 나만의 M 체스 마스터 카드를 완성해서 '플레이콘'의 놀이터-어린이수학동아 게시판에 올리면 추첨을 통해 선물도 준대!

룩과 킹의 캐슬링

특징:

룩과 킹의 캐슬링

전략 1 흰색 팀의 차례예요. 흰색 팀은 폰 2개가 더 많아서 유리하지만, 더 쉽게 이기기 위해서는 폰이 끝까지 올라가서 '프로모션*'을 해야 해요. 이때 흰색 킹이 g1으로, 흰색 룩이 f1으로 캐슬링을 하면 흰색 룩이 f파일을 장악하게 돼요. 그러면 검은색 킹은 f, g, h파일로 움직일 수 없어서 흰색 팀이 프로모션을 더 쉽게 할 수 있어요.

프로모션* 마지막 줄에 도착한 폰을 퀸, 룩, 비숍, 나이트 중 하나로 바꿀 수 있어요.

보호하는 룩

특징:

보호하는 룩

전략 2 흰색 팀의 차례예요. 흰색 킹이 캐슬링 하려는 길을 검은색 룩이 공격하고 있어서 캐슬링을 할 수 없어요. 이처럼 킹이 캐슬링의 시작점, 이동 과정 또는 도착점에서 체크 되고 있을 때와, 킹과 룩이 한 번이라도 움직였을 때는 캐슬링을 할 수 없어요.

오리기 선
안으로 접는 선
풀칠
밖으로 접는 선

가위를 사용할 땐 다치지 않게 조심하세요.

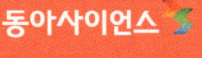

어린이
수학동아

2023년 9월 1일 초판 1쇄 발행
2024년 7월 23일 초판 2쇄 발행

지은이 어린이수학동아 편집부
펴낸이 장경애
센터장 김정

편집 최은혜, 최송이, 최은솔, 이다은, 박소은
디자인 조성룡, 김은지
마케팅 이성우, 이효민, 홍은선

일러스트 동아사이언스, 강경진, 밤곰, 남동완, 냠냠OK, 김태형, 이민형, 허경미
만화 소노수정, 이은섭, 주로, 최수경, 하성호, 홍승우
사진 게티이미지뱅크(GIB), 위키미디어(W), 플리커(F)
인쇄 북토리

펴낸곳 동아사이언스
출판등록 제2013-000081호
주소 (03737) 서울특별시 서대문구 충정로 29 10층
전화 (02)6749-2002
홈페이지 www.popcornplanet.co.kr
　　　　　www.dongascience.com

이 책에 실린 글의 저작권은 어린이수학동아 및 저자에게 있습니다.
무단전재 및 재배포, AI 학습 및 이용을 금합니다.

ⓒ 동아사이언스